# PROMOCIÓN Y NEGOCIO

a través de las

# REDES SOCIALES

LAURA JIMÉNEZ GUTIÉRREZ

# PROMOCIÓN
# Y NEGOCIO
a través de las
# REDES
# SOCIALES

**DYNAMO**

Primera edición: febrero de 2026

© Laura Jiménez Gutiérrez
© Editatum
www.editatum.com
www.libros-biblos.com

Diseño de cubierta: © Marta Villarín (EDITATUM)
Maquetación de interior: © EDITATUM
ISBN: 979-13-87539-96-2
Depósito legal: M-28130-2025
Impreso en España–*Printed in Spain*

# Índice

A mi tío Cheo,
con el corazón abierto y las manos llenas.

# *BRANDING*

## ¿Qué es una marca?

Cuando hablamos de marca, muchas personas piensan de inmediato en un logotipo o en un nombre llamativo. Sin embargo, esa es solo la superficie visible de una realidad mucho más compleja. Una marca no es un dibujo, ni un conjunto de letras, ni un eslogan ingenioso; una marca es la suma de percepciones, emociones, experiencias y asociaciones que las personas construyen alrededor de un producto, un servicio, una empresa o incluso una persona. La marca vive en la mente del consumidor y, al mismo tiempo, en la cultura compartida de una sociedad.

La idea de marca no es nueva, aunque el *marketing* moderno haya refinado sus técnicas. Desde hace siglos, los seres humanos han necesitado símbolos que transmitieran confianza. En la Antigüedad, los alfareros marcaban sus piezas con un sello distintivo; en la Edad Media, los gremios utilizaban emblemas grabados en los productos para indicar procedencia y calidad; en el mundo rural, el ganado se identificaba con hierro candente, lo que de hecho dio origen a la palabra *branding*. Con la industrialización del siglo XIX, las marcas se convirtieron en herramientas indispensables: en un mercado masivo, con miles de productos similares, era necesario diferenciarse y construir reputación. Hoy, en el siglo XXI, la marca se ha transformado en un fenómeno cultural y digital que trasciende la economía: está en la música, la política, los deportes, la educación y hasta en la identidad personal que proyectamos en las redes sociales.

Definir qué es una marca no resulta sencillo, porque no se trata de un objeto material, sino de un proceso simbólico. Podría decirse que es la representación colectiva de una promesa: lo que el público espera encontrar cuando se relaciona con ella. Coca–Cola, por ejemplo, no solo vende refrescos, sino también la idea de compartir momentos felices. Apple no solo produce ordenadores y teléfonos, sino que ofrece innovación, diseño elegante y pertenencia a una comunidad creativa. Nike no solo comercializa ropa deportiva, inspira superación personal y convierte el esfuerzo en parte de un relato aspiracional. En todos estos casos, el producto existe, pero la marca lo envuelve en significados más amplios.

La utilidad de una marca puede entenderse desde varias funciones. En primer lugar, cumple un rol identificador: permite reconocer un producto entre decenas de alternativas. Cuando alguien ve una lata roja con letras blancas en un estante, no necesita leer demasiado para saber que se trata de Coca–Cola. También actúa como elemento diferenciador: frente a un mercado saturado, la marca ayuda a destacar lo propio. Lego no es un juguete más, es sinónimo de creatividad y construcción. Otra función esencial es la de garantía: cuando un consumidor compra una prenda de Zara, sabe que recibirá diseño acorde a las tendencias a un precio accesible, mientras que al elegir una prenda de Prada espera exclusividad y estatus. La marca también cumple un papel simbólico, pues representa pertenencia a un grupo social, aspiraciones personales o valores colectivos. Finalmente, tiene una dimensión comunicativa, porque sirve para transmitir de manera inmediata los principios que guían a una organización o a una persona.

Lo interesante es que, a diferencia de otros activos empresariales, la marca no es propiedad absoluta de la compañía. Puede registrarse legalmente un logotipo, pero lo que la gente piensa y siente al escuchar el nombre de la marca no se controla desde un despacho, sino desde la sociedad. Una empresa puede declararse innovadora, sostenible o inclusiva, pero, si la experiencia del cliente contradice esa narrativa, la marca pierde valor. En este sentido, la marca no es lo que la empresa dice que es, sino lo que la audiencia percibe. Este fenómeno es evidente en la era digital, en la que un comentario en Twitter, una reseña en Google Maps o un vídeo viral en TikTok pueden reforzar o tirar por tierra en minutos la reputación de una organización.

La percepción es el núcleo de la marca. McDonald's, por ejemplo, invierte millones en campañas publicitarias para proyectar una imagen de felicidad, conveniencia y rapidez. Sin embargo, para ciertos sectores de la población, la percepción dominante es «comida de baja calidad» o «falta de salud». Amazon se presenta como la empresa que ofrece el mayor catálogo del mundo con rapidez y eficiencia, pero para muchos consumidores también simboliza precariedad laboral y excesiva concentración de poder. En ambos casos se observa que la marca no existe como un concepto unívoco, sino como un campo de significados donde conviven visiones distintas y hasta contradictorias.

Si queremos entender qué es una marca, conviene observar algunos ejemplos actuales. Netflix se asocia de manera inmediata con entretenimiento a la carta y personalización de contenidos. Nike está ligada al deporte, pero también a la motivación personal con su eslogan «Just Do It», que se ha convertido en un mantra cultural. Patagonia representa compromiso ambiental y responsabilidad social, al punto de donar gran parte de sus beneficios a causas ecológicas. TikTok simboliza creatividad juvenil, inmediatez y viralidad, transformándose en un espacio donde millones de usuarios construyen identidad personal a través de vídeos cortos. En cada caso, la marca no es solo el producto, sino un atajo cognitivo que activa un universo completo de asociaciones en la mente de quien la escucha.

La fuerza de la marca reside, además, en su dimensión emocional. La psicología del consumidor ha demostrado que las decisiones de compra rara vez son racionales. Elegimos más por lo que sentimos que por lo que calculamos. Una campaña de Coca-Cola que muestra familias reunidas en Navidad no se enfoca en explicar ingredientes ni precios, sino en generar nostalgia y alegría. Dove con su iniciativa «Real Beauty» no habla únicamente de jabón, sino de autoestima y aceptación. Estas marcas logran lo que en *marketing* se denomina *brand love*, un vínculo afectivo que convierte a los consumidores en defensores activos, dispuestos incluso a perdonar errores porque sienten un lazo emocional profundo.

El escenario digital ha intensificado esta dinámica. Las marcas ya no hablan en solitario, ahora dialogan con comunidades enteras que reaccionan, critican, parodian o apoyan. Netflix se relaciona con sus seguidores en Twitter usando humor, memes y respuestas rápidas; Chipotle consiguió viralizarse en TikTok con retos gastronómicos; pequeñas marcas locales logran crecer exponencialmente gracias a la creatividad de sus usuarios. La marca se convierte en un organismo vivo, en constante construcción, donde la empresa ya no tiene el control absoluto, sino que comparte el relato con millones de voces.

En este contexto, resulta interesante pensar que incluso las personas somos marcas. Cada perfil en LinkedIn o Instagram funciona como un escaparate de identidad. Los profesionales que publican regularmente, cuidan su imagen y transmiten valores consistentes están aplicando principios de marca personal. Así como una empresa diseña su identidad visual y verbal, los individuos construimos una narrativa digital que nos posiciona en determinados entornos sociales y laborales.

Todo esto demuestra que una marca es una *promesa viviente*, que se formula a través de símbolos, palabras, colores, experiencias y emociones, y que solo adquiere sentido en la medida en que el público la reconoce, la valida y la comparte. No es un objeto fijo ni un logotipo impreso, sino un entramado de significados en permanente evolución. Entender la marca desde esta perspectiva es fundamental para adentrarse en el mundo del *branding*, que es la disciplina encargada de gestionarla, nutrirla y proyectarla en coherencia con lo que el público espera y lo que la organización puede ofrecer.

## Concepto de *branding*

Cuando hablamos de marca como promesa y como sistema de significados compartidos, inevitablemente surge la pregunta de cómo se construye, cómo se alimenta y cómo se sostiene en el tiempo esa promesa. Ahí entra en juego el *branding*. Si la marca es el resultado visible y emocional, el *branding* es el proceso consciente y estratégico que hace posible que esa marca exista y tenga coherencia. No se trata simplemente de diseñar un logotipo ni de repetir un eslogan; el *branding* abarca cada una de las decisiones que determinan qué identidad proyecta una organización o una persona y cómo esa identidad se mantiene viva en la mente del público.

El *branding* puede entenderse como un conjunto de prácticas deliberadas orientadas a crear valor simbólico alrededor de un producto, servicio o individuo. Ese valor simbólico se traduce en confianza, diferenciación y preferencia. Una empresa que invierte en *branding* no se limita a vender objetos, sino que construye relaciones. Por eso resulta más útil pensar el *branding* como un proceso cultural antes que como una técnica de *marketing*. Implica dar forma a una narrativa que conecta con personas concretas, con sus emociones, aspiraciones y necesidades.

Un ejemplo claro es el de Airbnb. La compañía no se posicionó simplemente como una alternativa barata a los hoteles. Desde su nacimiento, trabajó su *branding* para transmitir la idea de pertenencia y comunidad. Su lema, «*Belong Anywhere*», no habla de alojamiento, sino de sentirse en casa en cualquier lugar del mundo. Ese relato se reforzó con el diseño de su logotipo, el «Bélo», que evoca un corazón abierto, y con la comunicación constante de historias personales de anfitriones y huéspedes. Airbnb no es solo una plataforma tecnológica, es una marca construida con *branding* estratégico, visual, verbal y experiencial.

El *branding* se despliega en distintos niveles que interactúan entre sí. Existe un *branding* estratégico, que define misión, visión, valores, públicos y posicionamiento. Es la parte más abstracta, pero sin ella no hay coherencia. También está el *branding* visual, que incluye logo, tipografía, paleta de colores y manual de estilo, es decir, los recursos gráficos que materializan la identidad. No menos importante es el *branding* verbal: tono de comunicación, elección de palabras, eslóganes, mensajes en redes sociales. A todo esto se suma el *branding* experiencial, que se concreta en lo que vive el consumidor al interactuar con la marca, desde la compra de un producto hasta el contacto con el servicio de atención al cliente. Finalmente, está el *branding* emocional, que busca generar vínculos afectivos y no solo racionales. Estos niveles, bien gestionados, hacen que la marca sea sólida, coherente y memorable.

Un error frecuente es reducir el *branding* a estética. Muchas empresas creen que basta con encargar un logotipo llamativo para resolver el problema de su identidad. Sin embargo, sin un trabajo de fondo la estética es solo maquillaje. El *branding* no se trata de diseñar bonito, sino de construir sentido. Por ejemplo, Tropicana decidió rediseñar el envase de su zumo en 2009, cambiando la icónica imagen de la naranja con pajita por un diseño minimalista. El resultado fue catastrófico: los consumidores dejaron de reconocer el producto en el supermercado y las ventas cayeron un 20% en pocas semanas. El error estuvo en confundir *branding* con simple diseño, olvidando la relación emocional y simbólica que el público tenía con el envase original.

Un caso contrario es el de Nike, cuyo *branding* va mucho más allá del logo del *swoosh* o del eslogan «*Just Do It*». Nike invierte en contar historias de superación, en patrocinar a atletas que rompen barreras, en diseñar campañas inclusivas que muestran diversidad de cuerpos, edades y géneros. Su *branding* es emocional, social y cultural. De ese modo, incluso personas que no practican deporte consumen productos Nike, porque se sienten parte de un relato inspirador.

El *branding* también puede dividirse en reactivo y proactivo. El primero aparece cuando una empresa se ve obligada a cambiar su identidad o mensaje para responder a una crisis o a nuevas demandas del mercado. El re*branding* de Tropicana, ya mencionado, fue un ejemplo de reacción, aunque fallida. En contraste, el *branding* proactivo implica adelantarse, innovar y marcar tendencia. Un ejemplo contemporáneo es la estrategia de Ben & Jerry's, que se ha consolidado como una marca activista. No esperaron a que el mercado exigiera helados con valores éticos y decidieron posicionarse con campañas sociales y políticas, asumiendo riesgos comunicativos, pero también fidelizando a un público que se identifica con esa postura.

El *branding* no ocurre solo en las grandes corporaciones, también lo practican pequeños negocios y emprendedores. Una panadería de barrio que elige cuidadosamente su nombre, diseña un logo sencillo pero reconocible, mantiene una estética coherente en las redes sociales y se preocupa por que la experiencia de compra sea cálida y cercana está haciendo *branding*. Lo mismo ocurre con profesionales que trabajan su marca personal en LinkedIn: cada publicación, cada foto, cada interacción es una pieza de un puzle mayor que conforma la percepción que los demás tienen de ellos.

En el terreno digital, el *branding* se ha convertido en una disciplina imprescindible. La fragmentación de audiencias y la velocidad de los cambios exigen una gestión constante de la identidad. Los consumidores ya no son receptores pasivos de mensajes, sino participantes activos que opinan, recomiendan, critican y producen contenido. El *branding*, por tanto, debe ser flexible, conversacional y abierto. Un ejemplo claro es el de Netflix en Twitter, donde sus cuentas oficiales no se limitan a anunciar estrenos, sino que interactúan con humor, generan memes y participan en conversaciones culturales. De este modo, el *branding* digital de Netflix refuerza la idea de cercanía y relevancia cultural.

La importancia del *branding* se confirma en la lealtad que genera. Una persona puede cambiar de marca si encuentra un producto más barato o de mayor calidad, pero, cuando existe un vínculo emocional profundo, la lealtad es más resistente. Quien siente amor por Apple difícilmente se cambiará a otra marca de *smartphones*, aunque encuentre alternativas más económicas. Lo mismo ocurre con comunidades en torno a marcas como Harley-Davidson, cuyos consumidores no compran solo motos, sino una forma de vida.

Para comprender el *branding* de manera práctica, resulta útil pensar en actividades educativas que lo ilustren. Una dinámica sencilla consiste en pedir a un grupo de estudiantes que comparen dos cafeterías locales. Una de ellas puede tener simplemente un nombre y un logo, mientras que la otra ofrece un ambiente cuidado, comunica valores de sostenibilidad en su decoración y redes sociales, y ofrece una experiencia coherente en todos sus puntos de contacto. Al analizarlas, los estudiantes pueden observar cómo en la primera existe una marca, pero apenas *branding*, mientras que en la segunda el *branding* convierte esa marca en algo significativo y memorable.

Otro ejercicio didáctico puede ser analizar campañas recientes de marcas emergentes. Por ejemplo, Glovo no se limitó a lanzar una aplicación de entrega a domicilio y trabajó un *branding* que comunica inmediatez, cercanía y modernidad. Desde el color amarillo de sus mochilas hasta la comunicación en redes, cada elemento construye una percepción coherente. Compararlo con aplicaciones menos trabajadas en términos de *branding* permite ver cómo el público tiende a confiar y recordar más a aquellas que gestionan su identidad de manera estratégica.

El *branding*, en definitiva, es el arte de dar vida a una marca, de mantenerla coherente y de adaptarla a las expectativas cambiantes del público. Es estrategia, es comunicación, es diseño y es experiencia, todo integrado en un proceso dinámico. Sin *branding*, una marca corre el riesgo de ser un signo vacío, un logotipo sin alma. Con *branding*, en cambio, una marca puede convertirse en un referente cultural capaz de trascender generaciones, geografías y contextos.

# Diferencia entre marca y *branding*

Cuando se conversa sobre *marketing* y comunicación, es frecuente que se confundan estos términos como si fueran sinónimos. Esta confusión es comprensible, ya que ambos conceptos están estrechamente relacionados y se necesitan mutuamente. Sin embargo, entender su diferencia resulta fundamental para quienes desean construir identidades sólidas, gestionar percepciones y generar valor en un mercado cada vez más competitivo. La marca es el resultado, el punto de llegada en la mente del consumidor; el *branding* es el camino, el conjunto de prácticas y estrategias que permiten que esa marca exista, evolucione y se sostenga en el tiempo.

Podemos pensar en la marca como una persona y en el *branding* como el estilo de vida que esa persona lleva. La marca sería el nombre, la apariencia, los rasgos visibles que la identifican; el *branding* sería la forma en la que se viste, cómo se comunica, los valores que transmite a través de sus acciones, las historias que cuenta y las relaciones que construye. Sin *branding*, la marca se queda en un cascarón vacío; sin marca, el *branding* no tendría un objeto de referencia al cual dotar de sentido.

Un ejemplo ilustrativo es Apple. Su marca está condensada en el logotipo de la manzana mordida, en su nombre y en el valor simbólico de la innovación y el diseño elegante. Pero eso no bastaría si no existiera un *branding* consistente que lo respalde: las campañas minimalistas que apelan a la creatividad, las tiendas físicas que ofrecen experiencias inmersivas, la coherencia estética de sus dispositivos, la narrativa inspiradora de sus presentaciones y la comunidad de usuarios que se siente parte de un estilo de vida. Todo eso es *branding*. Sin ese conjunto de prácticas, Apple sería solo un logotipo atractivo, pero no un ícono cultural.

Al contrario, podemos imaginar una situación en la que una empresa tenga un *branding* activo pero sin una marca clara. Esto ocurre en negocios que despliegan campañas llamativas, activaciones en redes sociales o incluso experiencias innovadoras, pero carecen de un signo distintivo que permita reconocerlos con facilidad. Es como si se hiciera mucho ruido sin tener una identidad concreta a la que asociar ese esfuerzo. Por eso es necesario comprender que la marca es el núcleo simbólico y el *branding* es la gestión estratégica que le da coherencia.

La diferencia también puede verse en el plano de las *startups*. Muchas empresas emergentes logran diseñar logotipos modernos y nombres creativos, pero se quedan solo en la superficie. Tienen marca, en el sentido de un signo visible, pero carecen de *branding*, porque no han definido con claridad qué valores transmiten, qué promesa hacen al consumidor ni cómo van a sostener esa promesa en el tiempo. En consecuencia, se diluyen entre competidores. En cambio, aquellas *startups* que invierten desde el inicio en *branding* —es decir, en narrar una historia coherente, en definir un tono de voz, en diseñar experiencias de usuario consistentes— logran diferenciarse y permanecer en la memoria. N26, el banco digital, es un ejemplo de esto: más allá de su nombre y logo, ha construido un *branding* centrado en la simplicidad, la transparencia y la modernidad digital.

Resulta útil insistir en que la marca es una entidad percibida, mientras que el *branding* es un proceso de gestión. Cuando alguien piensa en Nike, lo que le viene a la mente es una marca asociada al deporte, a la motivación y a la superación. Eso es la marca, una representación simbólica alojada en la mente del público. El *branding*, en cambio, es todo lo que hace Nike para que esa asociación exista: elegir atletas embajadores, producir campañas con relatos inspiradores, mantener un diseño gráfico coherente, invertir en experiencias digitales interactivas y crear comunidades deportivas. De ese esfuerzo constante surge el resultado que llamamos marca.

La diferencia entre ambos términos también se hace evidente en los casos de crisis. Cuando Volkswagen vivió el escándalo del *Dieselgate*, su marca sufrió un golpe de credibilidad. El *branding* tuvo que trabajar intensamente para reparar esa percepción: campañas de transparencia, nuevas estrategias de comunicación, inversión en vehículos eléctricos. Aquí se ve cómo el *branding* funciona como herramienta de gestión para intentar sanar la marca. Si marca y *branding* fueran lo mismo, no habría espacio para la recuperación. Pero precisamente porque el *branding* es acción y estrategia, existe la posibilidad de corregir, reposicionar y reconstruir.

En el mundo digital, esta diferencia es aún más clara. Tomemos el caso de un *influencer*. Su marca personal puede resumirse en su nombre, su imagen de perfil y la idea general que transmite a su audiencia. Sin embargo, lo que realmente da fuerza a esa marca es el *branding*: la manera en que planifica sus publicaciones, los valores que decide destacar, el tono que utiliza para comunicarse, las colaboraciones que elige y la coherencia con la que responde a sus seguidores. Si un creador descuida su *branding*, su marca se debilita, aunque tenga un logo atractivo o un nombre reconocido.

Una metáfora útil es la de la arquitectura. La marca es el edificio terminado que todos ven y reconocen; el *branding* es la obra en construcción, los planos, los materiales, el trabajo constante que hace que ese edificio se mantenga en pie y evolucione con el tiempo. Un edificio puede ser imponente a simple vista, pero, si no se sostiene con un proceso sólido de mantenimiento, se deteriorará rápidamente. Del mismo modo, una marca puede parecer fuerte a corto plazo, pero sin *branding* consistente perderá relevancia y caerá en el olvido.

Para quienes se están iniciando en el mundo de los negocios, entender esta diferencia tiene una aplicación práctica inmediata. Una panadería que solo imprime un logo bonito en sus bolsas está creando marca, pero, si además cuida la experiencia del cliente, comparte historias en redes sobre el proceso artesanal, mantiene una estética visual coherente en su local y refuerza valores de cercanía y calidad, está haciendo *branding*. Lo mismo ocurre en el terreno personal: alguien puede tener un perfil en LinkedIn con foto y nombre (marca), pero si no publica contenido relevante, no construye relaciones ni comunica valores consistentes, su *branding* es inexistente.

Un aspecto interesante es que, mientras la marca puede existir de manera pasiva, el *branding* es siempre acción. La marca está ahí, incluso cuando la empresa no hace nada; el *branding* requiere esfuerzo constante. Si un restaurante abre sus puertas y tiene un nombre, ya existe una marca; pero, si no se preocupa por el servicio, la comunicación, la coherencia visual o la narrativa, no hay *branding*. El *branding*, en este sentido, es lo que convierte a la marca en una experiencia viva.

La diferencia entre marca y *branding* también ayuda a comprender por qué algunas empresas logran permanecer en el tiempo y otras desaparecen. Nokia fue durante años una marca muy fuerte en telefonía móvil. Tenía reconocimiento global y una gran cuota de mercado. Sin embargo, descuidó su *branding* al no adaptar su narrativa ni su experiencia a la nueva era de los *smartphones*. La marca seguía siendo recordada, pero el *branding* no acompañó las transformaciones tecnológicas. Como resultado, perdió relevancia frente a competidores, que sí gestionaron su *branding* de manera proactiva.

En cambio, marcas como Lego han sabido mantener y renovar su *branding* para sostener la fuerza de su marca. No se limitaron a producir bloques de construcción, también crearon experiencias educativas, películas, parques temáticos y comunidades *online*. Su marca sigue siendo la misma, pero el *branding* ha evolucionado y se ha expandido a nuevos formatos.

Entender esta diferencia es vital en la formación de profesionales y emprendedores. Quien solo piense en la marca como logotipo o nombre se quedará en la superficie. Quien entienda que el *branding* es la gestión continua de esa identidad podrá construir proyectos más sólidos y duraderos. La marca puede definirse en un instante; el *branding* se construye día a día, en cada interacción, en cada decisión y en cada detalle que afecta la percepción del público.

Por lo tanto, la marca es el qué y el *branding* es el cómo. La marca es el resultado percibido; el *branding* es el proceso que lo hace posible. Ambos son inseparables, pero distinguirlos permite actuar con mayor claridad. Un negocio sin marca clara está condenado a la invisibilidad; un negocio sin *branding* consistente está condenado a la irrelevancia. Solo cuando se entiende esta diferencia se puede comenzar a construir identidades con verdadero valor en el mundo contemporáneo.

## Introducción a la identidad corporativa visual

Al profundizar en la diferencia entre marca y *branding*, surge de manera natural la necesidad de hablar de la forma más evidente y tangible en que una marca se presenta ante el mundo: su identidad visual. El público rara vez lee en detalle la misión de una empresa o estudia sus valores corporativos; lo que sí percibe de inmediato son los signos visibles: un color, un logotipo, un estilo gráfico, una tipografía. La identidad corporativa visual es el rostro de la marca, aquello que se percibe en el primer vistazo y que condensa en un impacto inmediato todo un universo de significados. No es casualidad que, cuando pensamos en empresas como Coca–Cola, Spotify o IKEA, lo primero que viene a nuestra mente sean colores, logos y formas antes que descripciones racionales.

La identidad visual no debe confundirse con la marca en sí misma, aunque muchas veces las personas las usan como equivalentes. La marca es el sistema simbólico completo; la identidad visual es la materialización gráfica de ese sistema. Es como el idioma que permite expresar los valores y la narrativa de la organización. Así como una persona comunica parte de su identidad a través de su ropa, su postura o sus gestos, una marca comunica mediante tipografías, paletas cromáticas, iconos y estilos gráficos. La coherencia de estos elementos asegura que la promesa de la marca se entienda de un vistazo.

Un ejemplo clásico es el logotipo de Nike. El famoso *swoosh* no necesita explicación: transmite movimiento, dinamismo y superación. Incluso sin el nombre escrito, basta ver ese símbolo para que millones de personas alrededor del mundo piensen en deporte y motivación. Esa fuerza no se logró de un día para otro, sino a través de un *branding* que supo mantener coherencia y reforzar continuamente el significado del logotipo en campañas, patrocinios y experiencias. La identidad visual es efectiva cuando un signo aparentemente simple concentra un universo narrativo.

El color es otro elemento central. Pensemos en Tiffany & Co: el azul turquesa que utiliza en sus cajas y bolsas es tan icónico que recibe el nombre de azul Tiffany. Ese color no es casual, fue elegido deliberadamente para transmitir exclusividad, sofisticación y elegancia atemporal. Lo interesante es que, con el paso de los años, ese color se convirtió en un código cultural: basta verlo en un objeto para que muchas personas lo asocien de inmediato con la joyería de lujo. La identidad visual, en este sentido, no se limita a la estética, sino que se convierte en un *lenguaje simbólico compartido*.

Otro ejemplo potente es el de Google. Sus letras simples en tipografía *sans serif* y sus colores primarios transmiten accesibilidad, sencillez y cercanía. Google no quiso proyectar sofisticación elitista, sino ser percibido como una herramienta amigable y universal. Esa elección tipográfica y cromática refuerza la idea de utilidad diaria y de neutralidad tecnológica. Al abrir el buscador, el usuario encuentra un entorno visual sin adornos excesivos, centrado en la simplicidad de uso. Allí se demuestra cómo la identidad visual se conecta con la experiencia: lo que se ve refuerza lo que se vive.

La identidad visual, además, cumple la función de asegurar coherencia en todos los puntos de contacto de la marca. Una empresa no puede mostrarse con un logotipo azul en su página web, con un rojo en su tienda física y con un verde en redes sociales. Esa incoherencia genera confusión y debilita la confianza. Por eso se crean manuales de identidad visual, documentos que establecen normas estrictas sobre el uso del logotipo, los colores, las tipografías y los estilos gráficos. Estos manuales son guías que aseguran que la marca sea siempre reconocible, sin importar el canal o el contexto. De hecho, grandes compañías como IBM, Apple o Mercedes–Benz dedican enormes recursos a mantener la uniformidad visual porque entienden que cada desviación erosiona la percepción de solidez.

Más allá de logos y colores, la identidad visual incluye también iconografía, composición gráfica y estilo general. Spotify, por ejemplo, utiliza ilustraciones y fotografías que transmiten dinamismo, juventud y creatividad. Instagram mantiene un diseño vibrante y colorido que refuerza su carácter social y visual. Netflix emplea fondos oscuros con el rojo de su logotipo para transmitir intensidad y foco en la pantalla. Cada uno de estos elementos comunica de forma inmediata la esencia de la marca. El consumidor no necesita leer un manifiesto, basta mirar la interfaz para entender qué se quiere transmitir.

En el contexto digital, la identidad visual se vuelve aún más relevante porque los usuarios interactúan constantemente con interfaces y pantallas. Un logotipo mal diseñado que no se adapta a formatos pequeños pierde legibilidad en una *app* móvil. Una tipografía compleja puede resultar ilegible en un sitio web. Una paleta de colores mal elegida puede dificultar la accesibilidad para personas con discapacidad visual. De ahí que las marcas inviertan cada vez más en identidades visuales adaptativas y responsivas. Los logos actuales suelen tener versiones simplificadas para funcionar como íconos en aplicaciones o *favicons* en navegadores. La tendencia al minimalismo en el diseño gráfico responde precisamente a esa necesidad de legibilidad en contextos digitales.

La identidad visual, sin embargo, no debe verse solo como un ejercicio de estética funcional. Su poder radica en la capacidad de conectar emociones. Cuando vemos el rojo de Coca–Cola, sentimos energía, vitalidad y celebración. Cuando observamos el negro elegante de Chanel, percibimos lujo, sofisticación y atemporalidad. La psicología del color demuestra que estos elementos visuales activan respuestas emocionales inmediatas en el público. Por eso el diseño no es neutro: cada elección transmite un mensaje subliminal que se suma al relato global de la marca.

También es importante reconocer que la identidad visual no es estática, sino que evoluciona con el tiempo. Muchas marcas han rediseñado sus logotipos para adaptarse a nuevas sensibilidades o contextos. El logo de Pepsi, por ejemplo, ha cambiado múltiples veces en más de un siglo, simplificándose cada vez más hasta llegar a su versión actual. Lo mismo ocurrió con Shell, cuyo logotipo de concha fue adquiriendo trazos más simples y modernos. El re*branding* visual, cuando se hace bien, permite actualizar la identidad sin perder el reconocimiento acumulado. Cuando se hace mal, como en el caso ya citado de Tropicana, puede generar desconexión con el público.

En las aulas, explicar la identidad visual se puede hacer de manera práctica invitando a los estudiantes a comparar la coherencia visual de diferentes marcas en redes sociales. Observar cómo McDonald's mantiene un uso consistente del rojo y amarillo en todos sus perfiles globales, o cómo Starbucks adapta su logo verde pero mantiene el mismo estilo en cada país, permite entender la importancia de la coherencia. Un ejercicio interesante es pedir a los alumnos que diseñen un minimanual de estilo para una marca ficticia: elegir tres colores, una tipografía y un logo sencillo, y luego aplicarlos en un perfil de Instagram de ejemplo. Así pueden experimentar de primera mano cómo las decisiones visuales influyen en la percepción.

La identidad corporativa visual es, en resumen, la primera impresión que una marca causa. No obstante, lo decisivo es que esa impresión se conecte con la narrativa y los valores que se desean transmitir. De nada sirve tener un logo atractivo si no guarda relación con la esencia de la marca. Una empresa que defiende la sostenibilidad no puede elegir colores y símbolos que evoquen artificialidad o desconexión con la naturaleza. Una marca que quiere transmitir cercanía no debería diseñar una identidad excesivamente fría o elitista. Cada decisión visual debe estar alineada con la promesa de la marca y con el proceso de *branding* que la sostiene.

Así, la identidad visual se convierte en un puente entre la abstracción de los valores corporativos y la experiencia cotidiana del consumidor. Es el lenguaje gráfico que traduce lo intangible en algo visible, inmediato y memorable. En el próximo capítulo nos adentraremos precisamente en los elementos concretos que componen esta identidad visual —nombre, logotipo, tipografía, paleta de colores, iconografía— y en cómo cada uno de ellos contribuye a dar forma a ese rostro público de la marca que todos reconocemos.

## Elementos básicos de la identidad visual (I)

Cuando hablamos de identidad visual, lo hacemos de un sistema que se compone de piezas concretas, cada una con un papel específico en la construcción de la percepción de la marca. Estos elementos funcionan como engranajes: por separado tienen valor, pero es en su interacción coherente donde surge una identidad sólida. El primer elemento, quizás el más evidente, es el nombre. Elegir un buen nombre es una de las decisiones más delicadas a la que se enfrenta una organización o un proyecto personal, porque ese conjunto de letras será la primera puerta de entrada a su universo simbólico. Un nombre no es una casualidad, debe ser recordable, fácil de pronunciar, adaptable a diferentes lenguas y, sobre todo, evocador de la esencia que se desea transmitir.

Basta pensar en marcas como Amazon. El nombre fue escogido porque evocaba el río más caudaloso del mundo, con la intención de sugerir abundancia e infinitud. Además, empieza por A, lo que en los inicios de la era digital lo situaba en las primeras posiciones de listados alfabéticos. Otro ejemplo es Uber, una palabra corta, contundente y fácilmente reconocible en múltiples idiomas, que transmite la idea de «superior» o «por encima». En el terreno personal, *influencers* y creadores digitales también saben la importancia de un nombre distintivo: un *gamer* que se llama el Rubius convirtió ese seudónimo en una marca reconocida a escala internacional.

El segundo elemento fundamental es el logotipo, que actúa como el rostro gráfico de la marca. Puede adoptar diversas formas:

puramente tipográficas, simbólicas o una combinación de ambas. El logotipo debe ser simple, escalable y reconocible incluso en tamaños muy pequeños. Piensa en Twitter, cuyo pájaro azul es identificado al instante en la esquina de un *smartphone*; o en Adidas, cuyas tres rayas negras son tan potentes que ni siquiera requieren el nombre escrito. La fuerza de un logotipo está en su capacidad para transmitir la esencia de la marca en una sola imagen.

Sin embargo, no todos los logotipos son iguales. La terminología distingue entre logotipo, isotipo, imagotipo e isologo. El logotipo, en sentido estricto, es la representación basada en tipografía: por ejemplo, el de Google, que se construye únicamente con letras. El isotipo es el símbolo gráfico que representa a la marca sin necesidad de texto, como la manzana de Apple. El imagotipo combina texto y símbolo, como ocurre con Lacoste, donde el cocodrilo acompaña al nombre escrito. El isologo, finalmente, es cuando texto e imagen están integrados en una sola unidad inseparable, como sucede con Burger King. Esta diversidad de formas responde a la necesidad de adaptar la identidad visual a diferentes contextos y estilos de comunicación.

La iconografía corporativa es otro componente clave. Son los símbolos, ilustraciones o gráficos complementarios que refuerzan el universo visual de la marca. Piensa en la *suite* de aplicaciones de Google: Gmail, Drive, Calendar, Docs. Cada aplicación tiene un ícono propio, pero todos comparten los colores corporativos, creando así una familia coherente. Esta iconografía permite que el usuario identifique rápidamente el servicio y al mismo tiempo refuerza la idea de pertenencia a un mismo ecosistema. La iconografía se convierte en un lenguaje visual interno que organiza y enriquece la experiencia del consumidor.

El color, por su parte, es probablemente el elemento visual con mayor impacto emocional. La psicología del color ha mostrado cómo los tonos generan respuestas afectivas inmediatas. El azul transmite confianza y seguridad, lo que explica su uso extendido en los bancos y las redes sociales como Facebook y LinkedIn. El rojo comunica energía, pasión y urgencia; por eso lo utilizan marcas como Coca–Cola o Netflix. El verde se asocia con naturaleza y bienestar, lo que lo hace común en empresas ecológicas o de alimentación saludable, como Whole Foods. El amarillo irradia optimismo y juventud, y ha sido elegido por McDonald's o Snapchat para transmitir vitalidad. Incluso el negro, que en principio podría parecer sobrio, se convierte en un signo de elegancia y sofisticación en marcas de lujo como Chanel o Rolex.

Un caso emblemático del poder del color es Tiffany & Co. Su azul Tiffany es tan distintivo que ha sido registrado como marca. Esa tonalidad turquesa no es solo estética, se ha convertido en un símbolo de lujo, romance y exclusividad. Otro caso es el de Spotify, que con su verde neón ha logrado diferenciarse de otras plataformas de música y proyectar modernidad. Estos ejemplos muestran que el color no es un adorno, sino un código cultural que despierta asociaciones inmediatas en la mente del consumidor.

La tipografía es otro pilar fundamental. Aunque pueda parecer un detalle técnico, el tipo de letra elegido transmite personalidad. La tipografía *serif*, con remates clásicos, comunica tradición y autoridad; es frecuente en periódicos como *The New York Times*. La tipografía *sans serif*, limpia y moderna, transmite innovación y accesibilidad; Google y Facebook la utilizan en sus logotipos precisamente para proyectar sencillez y neutralidad. Las tipografías manuscritas evocan cercanía y creatividad, y se ven en marcas que quieren transmitir un aire personal y artesanal, como Innocent Drinks. Cada elección tipográfica es un mensaje implícito que influye en la percepción global de la marca.

Lo interesante es cómo estos elementos interactúan entre sí. El nombre, el logotipo, los colores, la tipografía y la iconografía forman un sistema que debe funcionar en conjunto. Si una marca elige un nombre innovador pero un diseño visual anticuado, la coherencia se rompe. Si escoge un color alegre pero lo combina con una tipografía excesivamente formal, el mensaje se vuelve contradictorio. La identidad visual solo es efectiva cuando todos sus componentes transmiten un relato unificado.

En la práctica educativa, es útil invitar a los estudiantes a observar cómo interactúan estos elementos en casos reales. Starbucks, por ejemplo, utiliza un logotipo verde con una sirena estilizada, que evoca tradición marítima y frescura natural. El color verde refuerza la idea de bienestar y sostenibilidad, mientras que la tipografía utilizada en sus campañas transmite cercanía. Todo ello crea una coherencia que va más allá del café: se trata de un estilo de vida urbano y comunitario.

También resulta ilustrativo analizar las evoluciones que han tenido algunas marcas en sus elementos visuales. Instagram, por ejemplo, pasó de un logotipo de cámara *vintage* a un icono multicolor simplificado. Este cambio respondió a la necesidad de adaptarse al lenguaje digital de inmediatez y vibración cultural. Lo mismo ha ocurrido con Microsoft, cuyo logo actual, cuatro cuadrados de colores, refleja diversidad de servicios y modernidad frente a las versiones anteriores más rígidas. Estas transformaciones muestran que los elementos visuales son dinámicos y deben evolucionar con la cultura y la tecnología.

En definitiva, los elementos básicos de la identidad visual son más que adornos: son vehículos de significado. El nombre orienta la primera asociación, el logotipo condensa el universo simbólico, la iconografía refuerza el sistema, el color despierta emociones y la tipografía da tono a la comunicación. Juntos forman la gramática visual que da vida a la marca y que facilita que el público la recuerde, la diferencie y la valore. Y aunque cada uno puede estudiarse por separado, lo decisivo es ver cómo se articulan en un entramado coherente.

Aquí se abre el camino hacia una mirada aún más detallada sobre cómo estos elementos se despliegan en la práctica. En el próximo capítulo nos centraremos en la segunda parte de este conjunto, profundizando en la forma en que la paleta cromática, el estilo gráfico y la coherencia de aplicación consolidan una identidad visual que no solo es reconocible, sino también significativa y duradera.

## Elementos básicos de la identidad visual (II)

La identidad visual no se agota en el nombre, el logotipo, la iconografía, el color y la tipografía. Hay otros elementos que, aunque menos visibles a simple vista, son decisivos para dar cohesión y personalidad a una marca. Uno de ellos es la paleta cromática. No se trata únicamente de elegir un color principal, sino de definir un conjunto armonizado de tonos que se usarán en todas las aplicaciones. Esta paleta suele incluir un color primario, uno o dos secundarios y, en ocasiones, tonos de apoyo para matices o fondos. Su importancia radica en que permite que la marca sea versátil sin perder identidad. Por ejemplo, Coca–Cola utiliza como color principal su icónico rojo, pero lo combina con blanco y negro para equilibrar. Spotify emplea su verde característico, pero lo acompaña con negro y tonos neón en diferentes campañas para transmitir energía y dinamismo. Definir una paleta cromática coherente es como componer una melodía: cada nota aporta un matiz, pero la armonía surge del conjunto.

Junto a la paleta de colores, otro elemento decisivo es el estilo gráfico. Este concepto se refiere al *look and feel*, es decir, a la apariencia general de todos los materiales visuales. No basta con tener un logotipo y unos colores si cada pieza gráfica luce distinta y transmite mensajes contradictorios. El estilo gráfico incluye la manera de usar ilustraciones, fotografías, iconos, fondos, texturas y composiciones. Algunas marcas optan por un estilo minimalista, como Apple, donde predominan los fondos blancos, las líneas limpias y la ausencia de elementos superfluos. Otras prefieren un estilo vibrante y colorido, como Benetton, que apuesta por la diversidad y la provocación visual. Incluso hay marcas que se apoyan en un estilo retro, que evoca nostalgia y tradición, como Levi's o Converse. Este estilo gráfico es, en cierto modo, la voz visual de la marca: le da coherencia estética y la diferencia de las demás.

En el ámbito digital, el estilo gráfico ha adquirido una dimensión aún más relevante. Las redes sociales, con su necesidad de producir contenidos constantes, obligan a definir plantillas, marcos, filtros y tipografías que refuercen la identidad visual en cada publicación. Una marca que publica imágenes sin coherencia gráfica se percibe improvisada y poco profesional. En cambio, cuando cada *post* respeta una estética común, se refuerza la memoria visual del público. Un caso actual es el de Netflix: sus publicaciones en las redes mantienen el fondo oscuro característico, las tipografías simples y el rojo intenso de la N. Así, aunque el contenido varíe —puede ser un tráiler, un meme o una encuesta—, la identidad gráfica se mantiene constante y reconocible.

La coherencia es, de hecho, la clave de todo el sistema. Los elementos visuales no pueden funcionar como piezas dispersas, deben articularse de forma integrada. La coherencia no significa rigidez absoluta: las marcas necesitan adaptarse a distintos contextos culturales y tecnológicos. Significa, más bien, mantener un hilo conductor que haga que, sin importar el canal, el público reconozca de inmediato que se trata de la misma marca. Starbucks, por ejemplo, adapta su logotipo y estilo a distintos países, pero el verde, la sirena y la estética acogedora se mantienen. Esa coherencia genera confianza porque transmite la sensación de que la marca es sólida, estable y fiable.

La identidad visual también implica la manera en que los elementos se aplican en soportes diversos. Un logotipo debe verse bien en una valla publicitaria de diez metros y también en el ícono diminuto de una aplicación móvil. Una tipografía debe ser legible tanto en un folleto impreso como en una pantalla de teléfono. Los colores deben tener versiones adaptadas a impresión y a digital, respetando códigos como CMYK, RGB o HEX. De ahí la importancia de los manuales de estilo, que actúan como constituciones visuales. Estos documentos no solo muestran cómo se ve un logotipo, sino cómo debe usarse, qué proporciones respetar, qué colores exactos emplear y cómo no debe aplicarse. En la práctica, son herramientas que garantizan que una marca sea siempre la misma, independientemente de quién produzca el material gráfico.

No se puede olvidar tampoco la dimensión emocional de estos elementos. Una paleta de colores transmite sensaciones: un azul profundo genera calma, un naranja vibrante transmite energía. Un estilo gráfico puede evocar elegancia o desenfado. Una composición con espacio en blanco sugiere minimalismo y exclusividad, mientras que una composición recargada transmite vitalidad y exuberancia. Cada detalle comunica algo, aunque el consumidor no lo perciba de manera consciente. Esa es la potencia de la identidad visual: habla directamente al subconsciente.

Un aspecto que se ha vuelto crucial en los últimos años es la adaptación de la identidad visual a criterios de accesibilidad.

Diseñar para que todas las personas, incluidas aquellas con discapacidades visuales, puedan interactuar con la marca es un compromiso ético y, al mismo tiempo, una ventaja competitiva. Colores con suficiente contraste, tipografías legibles y elementos gráficos claros favorecen la inclusión y amplían el alcance de la marca. Grandes compañías tecnológicas como Microsoft y Apple han incorporado estas preocupaciones en sus manuales visuales, entendiendo que la accesibilidad también comunica valores de respeto e igualdad.

Si observamos el fenómeno del re*branding*, se entiende aún mejor la relevancia de estos elementos. Instagram, al pasar de un icono *vintage* a un degradado vibrante, actualizó su lenguaje visual para adaptarlo a una nueva generación de usuarios más vinculada con la inmediatez digital. Airbnb rediseñó su logotipo con el Bélo, un símbolo abstracto que combina corazón, ubicación y comunidad, para reforzar su narrativa de pertenencia global. Estos cambios muestran que la identidad visual no es un adorno, sino una herramienta estratégica para reposicionar una marca en la mente del público.

En el aula, trabajar estos conceptos puede hacerse de manera práctica pidiendo a los estudiantes que creen una miniidentidad visual para un proyecto ficticio: elegir tres colores, una tipografía, un estilo de fotografía y un logotipo sencillo. Luego, aplicar esos elementos en ejemplos concretos como un perfil de Instagram, un cartel publicitario y una tarjeta de presentación. El ejercicio les permite experimentar la potencia de la coherencia y entender cómo cada elemento, en interacción con los demás, construye significados.

En definitiva, los elementos de la identidad visual que van más allá del nombre y el logotipo son los que aseguran que la marca tenga consistencia, versatilidad y profundidad. Una paleta cromática bien diseñada, un estilo gráfico definido y una aplicación coherente en distintos soportes son condiciones indispensables para que la marca se perciba sólida y confiable. Sin estos elementos, la identidad se fragmenta; con ellos, se convierte en un relato visual que acompaña al consumidor en cada interacción.

El paso siguiente es comprender cómo la identidad visual no solo informa o decora, sino que se integra en la experiencia más amplia de la marca. Porque los colores, las tipografías y los estilos no tienen sentido aislados: cobran vida cuando se insertan en el viaje del cliente, en las emociones que despiertan y en las experiencias que acompañan. Y es allí donde nos dirigiremos en el próximo capítulo, explorando cómo la experiencia de marca se convierte en un factor decisivo para consolidar la identidad y generar vínculos duraderos.

## Experiencia de marca

Cuando hablamos de la identidad visual y sus elementos, pareciera que lo esencial ya está dicho: nombre, logotipo, colores, tipografías, estilo gráfico. Sin embargo, estos recursos serían meros adornos si no se tradujeran en una vivencia real para las personas. La marca no existe únicamente en los manuales de identidad o en los anuncios publicitarios, sino, sobre todo, en la experiencia concreta que cada individuo tiene al interactuar con ella. Por eso, en el estudio del *branding* contemporáneo, el concepto *experiencia de marca* se ha convertido en un eje central.

La experiencia de marca puede entenderse como el conjunto de percepciones, emociones y recuerdos que una persona asocia con una marca tras interactuar con ella en diferentes puntos de contacto. No es algo que se limite a la compra de un producto, comienza mucho antes, en el momento en que el consumidor ve un anuncio, entra en una página web o escucha hablar de la marca en una conversación casual. La experiencia se prolonga durante la adquisición del producto o servicio y continúa después, en el uso cotidiano, en el servicio posventa, en la interacción en redes sociales. Cada uno de esos momentos es una oportunidad para reforzar o debilitar la promesa de la marca.

Un ejemplo paradigmático es Apple. Quien entra en una Apple Store no solo encuentra ordenadores o teléfonos, sino un espacio diseñado para transmitir una filosofía: mesas de madera claras, luz blanca, amplitud, dispositivos listos para ser probados sin intermediarios. El personal no está vestido con trajes corporativos rígidos, sino con camisetas sencillas que refuerzan la idea de cercanía y accesibilidad. Incluso el empaquetado de los productos se convierte en una experiencia: abrir una caja de iPhone es un ritual que ha sido cuidadosamente diseñado para transmitir exclusividad y placer estético. Aquí se ve que la experiencia de marca no se limita al producto, sino que abarca todo el ecosistema que rodea a la compra y al uso.

Otro caso interesante es Starbucks. La experiencia no radica únicamente en beber café, sino en lo que encuentras en las tiendas: música ambiental, aroma característico, personal que escribe tu nombre en el vaso. Cada detalle está pensado para que el cliente sienta que no está solo consumiendo una bebida, sino participando en un estilo de vida globalizado y reconocible en cualquier ciudad del mundo. Esa coherencia entre lo que se promete y lo que se vive es lo que hace que Starbucks sea algo más que un proveedor de café.

La experiencia de marca no siempre es positiva. Existen ejemplos en los que la incoherencia arruina la percepción del consumidor. Un restaurante que promete comida saludable pero entrega platos llenos de conservantes genera una experiencia contradictoria que erosiona la confianza. Una aerolínea que publicita comodidad pero ofrece vuelos con retrasos y un servicio descuidado mina la percepción de valor. La experiencia, en este sentido, es un campo donde la promesa se somete a prueba constantemente. Si hay una diferencia entre lo que la marca dice y lo que el cliente vive, esa brecha se convierte en decepción.

En la era digital, la experiencia de marca se multiplica en nuevos escenarios. Un sitio web lento, una aplicación difícil de usar o un *chatbot* que no responde adecuadamente son experiencias que deterioran la percepción global. Por el contrario, cuando la interacción digital es fluida, intuitiva y agradable, el usuario asocia esos sentimientos positivos con la marca en su conjunto. Netflix, por ejemplo, ha convertido la experiencia digital en su principal fortaleza: el algoritmo de recomendaciones, la reproducción instantánea, la continuidad entre dispositivos. Todo ello refuerza la promesa de comodidad y personalización.

Lo interesante es que la experiencia de marca no se controla por completo desde las empresas. Muchas veces son los propios consumidores quienes la moldean, compartiendo opiniones, reseñas o comentarios en redes sociales. Un cliente satisfecho que comparte una foto en Instagram se convierte en embajador involuntario. Un cliente insatisfecho que publica una crítica viral puede afectar seriamente la reputación de la marca. En este sentido, la experiencia es tanto gestionada como cocreada. Las marcas deben aceptar que no tienen el control absoluto, pero sí la responsabilidad de generar condiciones que favorezcan experiencias positivas y consistentes.

Un aspecto decisivo es la dimensión sensorial de la experiencia. No se trata solo de lo visual, sino que el oído, el olfato, el tacto y hasta el gusto forman parte del contacto con la marca. Abercrombie & Fitch, por ejemplo, diseñaba sus tiendas con música fuerte y un aroma característico para generar una atmósfera juvenil y exclusiva. Disney cuida la experiencia olfativa en sus parques, difundiendo aromas específicos en cada zona para reforzar la inmersión. Incluso en productos cotidianos, el sonido que produce una lata de refresco al abrirse forma parte de la experiencia. Las marcas que entienden esto diseñan interacciones multisensoriales que permanecen en la memoria más allá del producto en sí.

La experiencia también tiene una dimensión emocional. Una campaña publicitaria puede conmover a través de un relato, pero es la experiencia directa la que consolida esos sentimientos. Uber, por ejemplo, promete comodidad y rapidez. Si el usuario encuentra un coche sucio o un conductor poco amable, la promesa se rompe y la emoción se vuelve negativa. En cambio, cuando el trayecto es agradable, el pago se hace sin fricciones y el servicio es eficiente, el usuario no solo queda satisfecho, también se siente cuidado, comprendido, valorado. La emoción, en definitiva, es la medida real del éxito de la experiencia.

En la práctica educativa, para comprender este concepto se puede pedir a los estudiantes que analicen su propia experiencia de marca con una empresa reciente: que describan cómo fue el primer contacto, qué expectativas tenían, cómo fue el proceso de compra o interacción, qué sentimientos les generó y cómo continuó la relación después. Este ejercicio ayuda a identificar que la marca no es solo publicidad o diseño, sino una suma de vivencias concretas que dejan huellas en la memoria.

La experiencia de marca es también lo que diferencia a las empresas en mercados saturados. Dos hoteles pueden ofrecer camas cómodas y desayuno incluido, pero lo que hace elegir a un cliente por encima de otro es la experiencia global: la amabilidad del personal, la facilidad de la reserva *online*, la coherencia del diseño interior, la manera en que se resuelven los problemas. En sectores en los que los productos tienden a la homogeneización, la experiencia se convierte en el terreno de la diferenciación.

El reto para las marcas es que la experiencia no sea estática. Lo que ayer resultaba satisfactorio hoy puede parecer insuficiente. Las expectativas cambian rápidamente: hace diez años, ofrecer wifi gratuito en un hotel era un valor añadido, hoy se da por hecho. La experiencia, por tanto, exige innovación constante y capacidad de anticiparse a las necesidades del consumidor. Las marcas que no evolucionan su experiencia quedan rezagadas frente a competidores más ágiles.

Si pensamos en el futuro de la experiencia de marca, emergen tendencias como la personalización extrema, la integración con inteligencia artificial y la creación de entornos inmersivos. Marcas como Nike ya ofrecen experiencias personalizadas de compra en sus aplicaciones, adaptando recomendaciones según el historial del usuario. Ikea explora la realidad aumentada para que los clientes puedan visualizar cómo quedarán los muebles en sus casas antes de comprarlos. Estas innovaciones no son accesorios tecnológicos sino extensiones de la experiencia de marca, diseñadas para aumentar la relevancia y la conexión emocional.

Lo fascinante es que, al final, la experiencia de marca no se limita al consumo, sino que se convierte en parte de la vida cotidiana de las personas. Quien compra un producto Apple no solo adquiere un dispositivo, también entra en una comunidad de usuarios, en un ecosistema que acompaña sus rutinas. Quien visita Disneylandia no solo disfruta de atracciones, vive un universo narrativo que se queda en la memoria como uno de los recuerdos más felices de su infancia. Esa capacidad de convertirse en parte de la biografía personal es el mayor logro de la experiencia de marca.

En este punto, queda claro que la experiencia es el corazón donde confluyen todos los elementos de identidad y *branding*. Pero aún falta explorar cómo esa experiencia se articula con la cultura y el contexto social. Porque las marcas no existen en un vacío, se insertan en narrativas colectivas, en valores compartidos, en tensiones culturales. La experiencia, para ser significativa, debe resonar con esas dimensiones sociales. Y es precisamente hacia allí donde dirigiremos nuestra atención en el próximo capítulo, cuando abordemos la relación entre marca, cultura y sociedad.

## Marca, cultura y sociedad

Una marca nunca existe aislada. Aunque en ocasiones las empresas intenten presentarse como entidades autónomas, capaces de definir sus propios valores y mensajes sin depender de nadie más, lo cierto es que todas las marcas están inmersas en un entramado cultural y social que las condiciona, las alimenta y, en muchos casos, les da sentido. El *branding* no se despliega en un vacío, sino en una sociedad concreta, en un tiempo histórico marcado por valores, tensiones y aspiraciones colectivas. Esa dimensión cultural explica por qué algunas marcas logran convertirse en íconos universales, mientras que otras permanecen relegadas a un plano secundario.

La relación entre marca y cultura es bidireccional: por un lado, las marcas reflejan las costumbres, gustos y valores de la sociedad en que nacen; por otro, contribuyen a moldear esa misma cultura con sus mensajes, sus productos y sus campañas. Coca–Cola, por ejemplo, no inventó la Navidad, pero logró asociar durante décadas la imagen de Papá Noel con sus colores rojos y su estilo visual. De manera similar, Nike no creó el ideal de superación personal, pero lo incorporó en su narrativa, al punto de convertirse en referente mundial de esfuerzo y resiliencia. En estos casos, la marca y la cultura se retroalimentan en un círculo constante.

La cultura popular es un terreno especialmente fértil para la expansión de las marcas. Los símbolos, canciones, series y modas juveniles ofrecen un lenguaje compartido en el que las marcas buscan insertarse. Netflix, por ejemplo, no se limita a ofrecer series y películas, participa en conversaciones culturales a través de memes, referencias y campañas en las redes sociales que dialogan con la audiencia. El famoso *Netflix and chill* trascendió la plataforma para convertirse en un código cultural. De la misma manera, Spotify no solo proporciona música, sino que se apropia de rituales culturales como compartir listas de reproducción personalizadas o esperar el resumen anual del *Spotify Wrapped* un evento global que se ha convertido en un fenómeno social.

La cultura también impone límites. No todas las estrategias funcionan en todos los contextos: un anuncio que en un país puede ser visto como divertido, en otro puede resultar ofensivo o inapropiado. McDonald's es un ejemplo claro de adaptación cultural: en India, donde gran parte de la población no consume carne de res, la cadena ofrece hamburguesas vegetarianas o de pollo, adaptando así su propuesta global a sensibilidades locales. La capacidad de adaptación cultural es, de hecho, una de las claves para la supervivencia de las marcas multinacionales en un mundo diverso y heterogéneo.

En algunos casos, la conexión con la cultura se convierte en compromiso social. Patagonia, la marca de ropa *outdoor*, ha construido toda su identidad en torno a la defensa del medio ambiente. Sus campañas no solo promueven productos, sino que invitan a la reflexión y a la acción climática. El activismo de marca, sin embargo, es un arma de doble filo: cuando es auténtico, genera admiración y lealtad; cuando es percibido como oportunismo, recibe críticas bajo acusaciones de *greenwashing* o *marketing* vacío. Lo decisivo es que exista coherencia entre el mensaje cultural y las prácticas reales de la empresa.

El papel de la cultura se ve también en fenómenos de apropiación y crítica. Varias marcas de moda han sido acusadas de usar símbolos indígenas o africanos sin reconocer ni compensar a las comunidades de origen. Este tipo de prácticas genera debates sobre poder, respeto y desigualdad, recordándonos que la cultura no es un escaparate libre de consecuencias, sino un espacio atravesado por tensiones políticas y éticas. En este sentido, el *branding* debe ejercerse con responsabilidad: no basta con inspirarse en lo cultural, hay que establecer un diálogo respetuoso que reconozca la diversidad y evite la explotación simbólica.

Las marcas también se convierten en actores sociales cuando deciden intervenir en debates colectivos. Nike lo hizo en 2018 con su campaña protagonizada por Colin Kaepernick, el jugador de fútbol americano que se arrodilló durante el himno nacional en protesta contra la violencia racial. La decisión fue arriesgada: generó rechazo en sectores conservadores, pero también fortaleció la conexión con un público joven y comprometido socialmente. Este ejemplo muestra que las marcas, al involucrarse en la cultura, asumen riesgos porque sus mensajes no son neutrales; toman partido y se convierten en actores dentro de conflictos sociales reales.

La influencia de la sociedad sobre las marcas no es menor. Los consumidores actuales, más informados y críticos, exigen que las marcas sean inclusivas, sostenibles y transparentes. Estas demandas sociales han forzado a empresas de diferentes sectores a modificar sus prácticas. Adidas, por ejemplo, ha lanzado colecciones hechas con plásticos reciclados; empresas tecnológicas como Apple han introducido funciones de accesibilidad en sus dispositivos; compañías de cosmética como Fenty Beauty han revolucionado el mercado ofreciendo una amplia gama de tonos de maquillaje para pieles diversas. Estos cambios no nacen únicamente de una estrategia empresarial, sino de una presión cultural y social que obliga a las marcas a responder a nuevas sensibilidades.

Lo interesante es que, en este diálogo, las marcas terminan siendo espejos de su época. La publicidad de los años cincuenta refleja sociedades conservadoras y rígidas en sus roles de género. Las campañas actuales, en cambio, muestran diversidad familiar, inclusión de personas con discapacidad y discursos sobre igualdad. Lo que una sociedad considera normal o aspiracional queda plasmado en las narrativas de las marcas. Así, estudiar la historia del *branding* es también estudiar la evolución de la cultura y la sociedad.

En el aula, se puede trabajar esta dimensión cultural pidiendo a los estudiantes que comparen anuncios publicitarios de distintas décadas. Observar cómo se representaba a la mujer, cómo se hablaba de la tecnología o cómo se mostraban los estilos de vida permite entender la relación entre marcas y cultura. Otro ejercicio interesante es pedirles que analicen cómo una marca global adapta su comunicación en diferentes países. La comparación entre campañas locales y globales revela cómo la sociedad moldea las decisiones de *branding*.

De este modo, las marcas son a la vez productos culturales y agentes de transformación social. No son entidades neutrales: participan en conversaciones, reproducen valores, proponen modelos de vida. Algunas lo hacen de manera consciente, asumiendo riesgos; otras lo hacen casi de forma involuntaria, simplemente reflejando las sensibilidades de su tiempo. Pero, en todos los casos, la relación entre marca, cultura y sociedad es inseparable.

Ahora bien, comprender esta relación no es suficiente si no exploramos cómo se construye la reputación en ese contexto cultural y social. Porque una cosa es lo que la marca intenta proyectar y otra muy distinta lo que la sociedad realmente percibe y comenta. La reputación se convierte en el termómetro que mide esa distancia, y su gestión es un desafío cada vez más crucial en un mundo hiperconectado.

# Reputación de marca

La reputación de una marca es, en cierto modo, su capital invisible. No aparece en los balances contables con la claridad de una cifra, pero condiciona de manera decisiva el valor de una empresa y su futuro en el mercado. Puede definirse como la percepción agregada que la sociedad tiene de una marca a lo largo del tiempo. No es una impresión puntual ni una campaña aislada, sino la suma de experiencias, relatos, opiniones y memorias que los consumidores y el entorno social construyen sobre ella. Una reputación sólida es un escudo frente a las crisis y una ventaja competitiva; una reputación dañada puede estropear en semanas lo que se ha construido durante décadas.

El caso de Volkswagen tras el escándalo del *Dieselgate* ilustra esta fragilidad. Durante años, la compañía había cultivado la imagen de calidad, fiabilidad y responsabilidad tecnológica; sin embargo, cuando se reveló que manipulaba las emisiones de sus motores diésel, esa percepción se desplomó. La marca continuaba existiendo, sus coches seguían en circulación, pero su reputación había quedado herida. A partir de ese momento, cada acción de la empresa era vista con sospecha. Recuperar la confianza no dependía únicamente de corregir un error técnico, sino de reconstruir un relato creíble ante una sociedad indignada. Aquí se ve con claridad cómo la reputación es un bien intangible que se erosiona con rapidez y cuya restauración exige tiempo, coherencia y transparencia.

Por el contrario, algunas marcas han logrado mantener una reputación fuerte incluso en medio de entornos hostiles. Apple ha sido criticada por el precio elevado de sus dispositivos, pero su reputación como empresa innovadora, orientada al diseño y a la experiencia de usuario, se mantiene firme. Esa reputación actúa como un blindaje: incluso cuando comete fallos, como el famoso error de la antena del iPhone 4, la confianza general en la marca le permite superarlos sin consecuencias irreparables. La reputación, en este caso, se convierte en un crédito simbólico que da margen de maniobra frente a tropiezos coyunturales.

La reputación se alimenta de tres factores principales: la coherencia, la transparencia y la capacidad de respuesta. La coherencia implica que las promesas de la marca coincidan con sus acciones. Una empresa que proclama sostenibilidad pero contamina en sus procesos pierde credibilidad. La transparencia se refiere a la disposición a comunicar de manera clara y honesta, incluso cuando los resultados no son perfectos. Y la capacidad de respuesta es la rapidez y eficacia con que una marca gestiona los problemas cuando surgen. Las marcas que logran integrar estos tres elementos construyen una reputación más resistente.

En la actualidad, la reputación se juega en múltiples escenarios simultáneos. Antes dependía en gran medida de los medios de comunicación y de la publicidad controlada por la propia empresa; hoy se construye en un ecosistema complejo donde intervienen las redes sociales, los foros digitales, las reseñas de consumidores y la viralidad de los contenidos. Un cliente descontento puede publicar un vídeo en TikTok que alcance a millones de personas en horas, afectando la reputación de una marca de forma global. La gestión de la reputación requiere, por tanto, una vigilancia constante y una escucha activa de lo que ocurre en el entorno digital.

Un ejemplo positivo es el de LEGO. La compañía atravesó una crisis a principios de los 2000 debido a problemas financieros y a una diversificación poco clara. Sin embargo, supo escuchar a su comunidad de fans, relanzar productos centrados en su esencia y abrir canales de cocreación como *LEGO Ideas*, donde los usuarios proponen diseños que pueden llegar a fabricarse. Este diálogo auténtico permitió recuperar no solo la rentabilidad, sino una reputación de marca innovadora, cercana y abierta. Hoy LEGO, además de vender bloques de construcción, es vista como una empresa que fomenta la creatividad y escucha a su público.

La reputación, además, no depende únicamente de los consumidores, sino también de otros actores: medios, empleados, comunidades locales, reguladores. Una empresa puede tener clientes satisfechos, pero, si trata mal a sus trabajadores o evade impuestos, su reputación se verá afectada en el plano social y político. Las expectativas sobre el comportamiento empresarial son cada vez más amplias, y la reputación se mide en un espectro mucho más diverso que el de la simple satisfacción del cliente.

En educación se puede trabajar el concepto de reputación pidiendo a los estudiantes que analicen casos de crisis de marca: que revisen qué ocurrió, cómo reaccionó la empresa, qué estrategias funcionaron y cuáles no. También pueden comparar la reputación de distintas marcas en un mismo sector: por ejemplo, aerolíneas con buena o mala reputación en puntualidad, atención al cliente y sostenibilidad. Estos ejercicios permiten entender que la reputación no es un adorno, sino un activo estratégico que condiciona la competitividad.

La reputación se conecta también con la confianza. Una vez que se pierde, resulta muy difícil recuperarla. Sin embargo, cuando se mantiene, genera lealtad profunda. Marcas como Patagonia han cultivado una reputación tan sólida en compromiso ambiental que los consumidores confían en su autenticidad y están dispuestos a pagar más por sus productos. Esa reputación no se construye en un mes ni en un año, es el fruto de décadas de coherencia entre discurso y acción.

El gran desafío es que la reputación nunca está asegurada de manera definitiva. Es un capital vivo, que se renueva y se arriesga en cada interacción. Por eso requiere una gestión activa, que no solo reaccione ante las crisis, sino que trabaje de manera proactiva para consolidar confianza. Las empresas que comprenden esto dedican recursos a la comunicación honesta, a la escucha constante y a la innovación en responsabilidad social. Quien confía en una marca no lo hace solo porque le guste su logotipo o su producto, sino porque cree en su historia, en su conducta y en la huella que deja en la sociedad.

Así, la reputación de marca es el terreno donde convergen todas las dimensiones vistas hasta ahora: identidad visual, experiencia, cultura, coherencia social. Y es también la antesala de otro concepto clave: la confianza. Porque la reputación abre la puerta, pero la confianza es lo que permite mantener la relación a largo plazo. En el próximo capítulo exploraremos cómo las marcas construyen y sostienen esa confianza en un mundo cada vez más crítico y exigente.

## Confianza de marca

La confianza de marca es uno de los pilares más frágiles y, al mismo tiempo, más poderosos de toda estrategia de *branding*. Si la reputación constituye la percepción colectiva que se ha ido sedimentando a lo largo del tiempo, la confianza representa el vínculo íntimo y personal que un consumidor establece con una marca concreta. Confiar en una marca significa estar dispuesto a elegirla de nuevo, incluso cuando existen otras opciones en el mercado, porque se cree que no defraudará, que será coherente y que actuará de forma justa. En un contexto de saturación publicitaria, competencia feroz y consumidores cada vez más informados, la confianza se convierte en el capital más escaso y valioso.

Esa confianza no nace de la nada. Se construye en un proceso largo y delicado de interacciones consistentes. Cada compra, cada contacto con el servicio de atención, cada experiencia con un producto es una gota que alimenta un vaso. La metáfora clásica dice que la confianza se gana gota a gota y se pierde a cántaros. Una entrega puntual, un producto de calidad o una respuesta empática fortalecen la confianza lentamente, mientras que un error grave, una mentira o una incoherencia pueden vaciarla de golpe. Este carácter frágil obliga a las marcas a ser vigilantes, conscientes de que no basta un buen eslogan para sostener la credibilidad: se necesitan hechos.

Existen ejemplos de marcas que han sabido convertir la confianza en su principal activo. Amazon, por ejemplo, se ha consolidado como líder global no solo por su catálogo inmenso, sino porque cumple con la promesa básica de rapidez y fiabilidad. El usuario sabe que su pedido llegará en el tiempo previsto y que, si algo falla, el proceso de devolución será sencillo. Esa seguridad se traduce en un hábito de confianza que hace que millones de personas recurran a Amazon casi de manera automática. En el extremo opuesto, plataformas como Facebook han visto erosionada su confianza a raíz de escándalos vinculados al manejo de datos personales. Aunque siguen siendo utilizadas por millones, la percepción de falta de cuidado y respeto por la privacidad ha debilitado la relación con ciertos sectores de la sociedad.

La confianza está estrechamente relacionada con la transparencia. Las empresas que ocultan información, maquillan datos o comunican de manera ambigua generan sospecha. En cambio, aquellas que se muestran abiertas, incluso ante los errores, refuerzan la credibilidad. El caso de Johnson & Johnson en 1982 es paradigmático: ante el envenenamiento de cápsulas de Tylenol, la compañía retiró todos los productos del mercado, asumió enormes pérdidas y rediseñó la seguridad de sus envases. Esa reacción, basada en la transparencia y la protección del consumidor, no hundió la marca, sino que reforzó la confianza en su compromiso con la seguridad pública.

Otro elemento decisivo es la coherencia entre lo que se dice y lo que se hace. Las marcas que proclaman valores sostenibles pero recurren a prácticas contaminantes se enfrentan a acusaciones de *greenwashing* y pierden credibilidad. En cambio, Patagonia ha convertido la coherencia en el núcleo de su identidad: su discurso ambiental se acompaña de acciones concretas como donar parte de sus beneficios a causas ecológicas o promover la reparación de prendas en lugar de incentivar el consumo excesivo. Esa coincidencia entre palabras y hechos es la que consolida la confianza a largo plazo.

La confianza también se construye en el terreno digital. En un tiempo en el que los datos personales son un recurso estratégico, los consumidores valoran cada vez más la seguridad. Apple ha hecho de la privacidad un elemento central de su marca: no solo diseña productos atractivos, sino que insiste en proteger la información de sus usuarios frente a terceros. Esa apuesta por la seguridad ha fortalecido su identidad frente a competidores cuestionados por prácticas invasivas. En este caso, la confianza se asocia tanto a la calidad del producto como a la promesa de protección de algo tan sensible como los datos personales.

Pero la confianza no es solo racional, tiene una fuerte dimensión emocional. Se manifiesta cuando un consumidor siente que la marca está de su lado, que lo entiende y lo respeta. Hay comunidades, como la de Harley–Davidson, que ilustran este fenómeno: los clientes no confían únicamente en la mecánica de una motocicleta, sino en la identidad compartida, en la hermandad que la marca ha cultivado. La confianza se convierte así en un pacto emocional, en una sensación de pertenencia que va más allá de lo funcional.

En la educación, se puede trabajar el concepto de confianza de marca pidiendo a los estudiantes que identifiquen las empresas que más confianza les generan y que expliquen las razones. Algunos mencionarán la fiabilidad en los servicios, otros hablarán de autenticidad o de empatía en la comunicación. El análisis revela que la confianza no responde a una sola dimensión, sino a un entramado de factores prácticos y simbólicos. También resulta útil estudiar casos en los que la confianza se quebró: qué señales anticipaban esa ruptura, cómo reaccionó la empresa, si logró recuperarse o no. Estos ejemplos enseñan que la confianza, una vez dañada, es difícil de restaurar.

En un mercado donde la saturación de mensajes publicitarios genera escepticismo, la confianza aparece como la diferencia fundamental entre las marcas que permanecen y las que se desvanecen. Un consumidor puede perdonar un fallo puntual si percibe honestidad, pero difícilmente perdonará una mentira. Las empresas que han comprendido esto saben que cada contacto, desde una notificación en el móvil hasta una conversación con un empleado, es una oportunidad para fortalecer ese vínculo. La confianza no se declama, se practica día a día en las pequeñas decisiones.

Sin confianza, la reputación se derrumba y la lealtad se vuelve imposible; con confianza, en cambio, una marca puede atravesar crisis, reinventarse e incluso sobrevivir a errores graves. La confianza es, en definitiva, el puente que une a la marca con el consumidor. Y lo interesante es que ese puente puede dar lugar a relaciones más profundas, en las que no solo se confía, sino que se desarrolla una lealtad duradera. Esa será la cuestión central del próximo capítulo: cómo se transforma la confianza en lealtad y cómo esa lealtad se convierte en un activo estratégico capaz de sostener el valor de una marca a lo largo del tiempo.

# Epílogo: de la promesa al encuentro

Una marca empieza siendo un signo, un nombre que alguien pronuncia y al que otros responden con una mezcla de recuerdos, expectativas y emociones. Con el tiempo, ese signo se convierte en promesa, y la promesa en un pequeño pacto que la gente decide aceptar o rechazar según lo que vive cada vez que se cruza con ella. Llevamos páginas observando cómo ese pacto se va tejiendo con hilos de identidad visual, relatos, gestos cotidianos, experiencias en tienda y conversaciones digitales que estallan y se desvanecen con la misma velocidad con la que pasamos el dedo por una pantalla. Si algo queda claro al cerrar este módulo es que el *branding* no es una capa de pintura que se aplica al final, sino el esqueleto silencioso que sostiene todo lo demás: lo que la marca muestra, lo que la gente entiende y lo que ambas partes deciden construir juntas.

Cuando una persona entra a un café de barrio y recibe un saludo por su nombre, no está pensando en tipografías ni en manuales de uso del logotipo. Piensa en que allí lo tratan bien. Y, sin embargo, ese gesto encaja con una estética, con un tono de voz, con una música de fondo y con un olor a pan reciente que refuerza la misma idea: «A esto pertenezco». Esa es la marca en acción. Por eso resulta tan poderosa la noción de experiencia de marca que hemos ido desplegando: no es un guion de eslóganes, es una coreografía de momentos. En un mundo saturado de mensajes, la gente conserva la memoria de lo que le hicieron sentir, no de lo que le dijeron que debía sentir. Y el *branding*, si es honesto, va dejando un rastro de sensaciones que después alguien reconocerá como confianza.

El reto de las organizaciones es sostener esa confianza en ambientes impredecibles. Las personas ya no solo consumen productos, consumen símbolos, posiciones, maneras de estar en el mundo. Una zapatilla es un objeto; *Just do it* es un permiso para intentar. Un *packaging* es un contenedor; una caja turquesa es una escena íntima que se abre como si adentro hubiera un secreto. La marca, cuando encuentra su centro, deja de hablar de sí y empieza a hablar a alguien: traduce valores en gestos, compromisos en decisiones, estética en ética. Puede fallar —todas fallan—, pero, si la promesa es nítida y el comportamiento es coherente, la relación se recompone, porque hay algo más fuerte que una transacción: una historia compartida.

En esa historia, el contexto social ya no es telón de fondo, sino parte de la trama. Las marcas aprendieron —a veces a golpes— que no basta con declararse inclusivas o sostenibles, hay que actuar en consecuencia, dejando que la coherencia se note en la cadena de valor, en la atención a los trabajadores, en la manera de gestionar los datos de los clientes, en cómo reaccionan cuando se equivocan. La reputación se ha vuelto un bien frágil que se gana muy despacio y se pierde de golpe. No lo decide un consejo de administración, sino una comunidad que observa, conversa, comparte pantallazos y confronta discursos con prácticas. En ese ecosistema, el *branding* responsable no es solo una ventaja competitiva, es la condición mínima para participar.

Si todo esto suena muy grande, conviene volver a lo concreto. El *branding* se reconoce en lo pequeño: en el botón de cancelar, donde otros esconden el camino de salida; en el correo que llega con un tono que suena a persona y no a plantilla; en la respuesta rápida a una queja que podría haberse enredado durante días; en el detalle visual que no se ve, pero se siente. Una marca madura no pregunta cómo hago para que me recuerden, sino cómo hago para que quieran volver. Y esa pregunta cambia la dirección del esfuerzo: ya no se trata de captar atención una sola vez, sino de merecerla muchas veces.

Ese merecimiento se ensaya, no solo en los laboratorios de diseño, también en ejercicios que cualquier equipo puede realizar con honestidad. Salir a la calle y visitar tres puntos de contacto propios como si fuéramos clientes por primera vez. Hacer un *mistery shopper* en nuestras propias redes, en nuestra web, en nuestro proceso de *checkout*. Identificar dónde se rompe el hilo de la promesa y rehacerlo con paciencia. Pedir a cinco personas ajenas a la organización que cuenten, en voz alta, qué creen que prometemos y qué creen que cumplimos. Escuchar sin defenderse. Volver al tablero y ajustar lenguaje, flujo, tono, colores, *microcopies*, protocolos. El *branding*, entendido así, es un oficio, se pule.

También se abre hacia fuera. Las marcas que conectan mejor no se encierran en un monólogo pulcro; salen a la plaza pública y conversan, sabiendo que la plaza es ruidosa, contradictoria y exigente. Allí el humor inteligente es un puente, la humildad desarma tensiones y la escucha sincera genera un tipo de reconocimiento que ninguna pauta publicitaria puede comprar. Eso implica aceptar una evidencia: no controlaremos la conversación. Y está bien. La promesa no necesita controlarlo todo, necesita ser lo bastante verdadera como para sobrevivir a la conversación.

A esta altura del camino, lo intangible del *branding* ya tiene textura, no porque lo hayamos agotado, sino porque lo hemos bajado a decisiones que cualquiera puede tomar mañana. Elegir menos palabras y más claridad. Diseñar menos fricción y más ayuda. Sustituir automatismos que ocultan por automatismos que cuidan. Mostrar de dónde vienen las cosas y hacia dónde van. Abrir espacios a la comunidad y dejar que se apropie de parte del relato. Convertir la estética en hospitalidad y la promesa en hábito.

Queda, sin embargo, un movimiento más. Hasta aquí hemos construido la identidad y la experiencia: sabemos qué somos, cómo sonamos, cómo nos vemos, cómo tratamos a la gente. Falta llevar esa identidad a los lugares donde hoy las personas buscan, comparan, aprenden, se entretienen y toman decisiones. Falta entrar en los mapas de Google y los *timelines*, en las bandejas de entrada y las consultas de búsqueda, en los vídeos que alguien ve en el metro y las páginas que alguien guarda para la noche. Falta convertir la promesa en un encuentro que sucede a escala, con método y con datos. Ese paso no cambia la esencia, la despliega.

Antes de cruzar al módulo siguiente, puede ser útil una pequeña práctica de afinación. Elegir un producto o servicio propio y escribir su promesa como si fuera una invitación dirigida a una persona concreta; nada de eslóganes universales. Una frase breve, en voz humana, que alguien querría decirle a alguien. Luego, ponerle cuerpo a esa invitación: tres gestos que la vuelvan real en puntos de contacto distintos (una microinteracción en la web que ahorre tiempo, una política clara que reduzca ansiedad, un detalle visual que anticipe cuidado). Por último, preguntar: tomar esa invitación y leerla a dos clientes recientes y a uno potencial; escuchar qué entienden, qué esperan, qué cambiarían. Ajustar. Repetir, no porque falte creatividad, sino porque sobra realidad.

También ayuda mirar alrededor, no a los gigantes, sino a los cercanos: esa librería del barrio que ya tiene lectoras que recomiendan sin pedir nada a cambio; ese taller de cocina que llena grupos por WhatsApp sin una gran pauta; ese estudio de diseño que, con dos colores y una voz precisa, reconoce cualquiera que pase; esa ONG que, con poco, consigue socios porque no confunde urgencia con desesperación. No hay fórmula secreta: hay coherencia practicable. Y en esa coherencia, una invitación silenciosa: «Vuelve cuando quieras».

Con el módulo que cierras entre manos, la brújula está calibrada. Ya no es solo el logotipo, ni la paleta, ni el tono, es un modo de estar a la altura de lo que se promete. Lo que viene ahora es una mesa de trabajo más técnica: objetivos que se puedan medir sin perder el alma, retratos de públicos que respiren como personas, contenidos que cuenten algo que valga la pena, mecanismos para ser encontrados cuando alguien busca justo lo que ofreces, herramientas para llegar antes o con más precisión, métricas que digan la verdad sin gritar, experiencias digitales que no pidan permiso para fluir.

No hace falta apresurarse, solo sostener el hilo. Hemos hablado de signos y de vínculos, ahora llevaremos ese vínculo a los caminos por donde transita la vida digital. Allí, cada decisión vuelve a ser la misma decisión: elegir el gesto que cuida. Cuando el siguiente capítulo empiece a desplegar la arquitectura de objetivos y audiencias, lo único que tendremos que recordar es esto: una estrategia funciona cuando no hace olvidar quiénes somos. Y en esa memoria compartida —la de la marca y la de la gente— el *branding* encuentra su hogar.

# PLAN DE *MARKETING* DIGITAL

## Introducción al *marketing* digital y el *briefing*

El *marketing* digital es hoy una pieza central en la estrategia de cualquier empresa, institución o incluso proyecto personal que busque ser visible y relevante en el mercado. Durante décadas, el *marketing* se entendía como una actividad vinculada a la publicidad en medios masivos, la colocación de productos en escaparates y la persuasión a través de campañas televisivas o anuncios en prensa. Sin embargo, el salto al entorno digital ha supuesto un cambio radical en las formas de comunicar, interactuar y construir relaciones con los consumidores.

Cuando hablamos de *marketing* digital, no nos referimos únicamente a trasladar la publicidad tradicional al mundo de internet, sino que implica algo más profundo: un cambio en la lógica de comunicación. Si en el *marketing* tradicional el mensaje era unidireccional —la empresa hablaba y el consumidor escuchaba—, en el digital se produce un diálogo constante. Las redes sociales, los buscadores, los correos electrónicos, las plataformas de vídeo y los foros permiten que el público no solo reciba un mensaje, sino que lo cuestione, lo comente, lo comparta o lo critique. El poder ya no está exclusivamente en la empresa que emite el mensaje, sino también en la comunidad que lo recibe.

Esta transformación requiere comprender al *marketing* como un sistema integrado en el que los datos, los canales digitales, las emociones y la experiencia del usuario se cruzan en un espacio común. El *marketing* digital ya no puede verse como un complemento, sino como el corazón de cualquier plan de comunicación. Las marcas que no lo entienden así corren el riesgo de volverse irrelevantes.

Un buen ejemplo es el caso de pequeñas empresas locales que logran alcanzar mercados internacionales gracias a estrategias digitales bien diseñadas. Una tienda de artesanía en Madrid puede vender piezas a clientes en Latinoamérica o Asia sin necesidad de tener una gran infraestructura física, simplemente utilizando herramientas como Instagram Shopping o Etsy. Este fenómeno revela el enorme potencial del *marketing* digital: democratiza la visibilidad y permite que negocios pequeños compitan con grandes corporaciones.

Ahora bien, para que ese potencial se materialice, el *marketing* digital necesita organización, coherencia y planificación. Aquí entra en juego una herramienta fundamental: el *briefing*.

El *briefing* es el documento que concentra la información clave antes de diseñar una campaña o estrategia digital. Su función es ofrecer un mapa que guíe las acciones futuras y evite improvisaciones que puedan hacer perder tiempo, dinero y credibilidad. Lejos de ser un mero trámite, el *briefing* es un ejercicio de reflexión estratégica.

Para comprender su importancia, pensemos en lo que ocurre cuando no existe un *briefing* sólido. Una empresa puede invertir en anuncios de Facebook, en SEO o en *influencers*, pero, si no tiene claros sus objetivos, su público y su mensaje, terminará dispersando recursos. A menudo, las organizaciones que fracasan en digital no lo hacen por falta de presupuesto, sino por falta de planificación. El *briefing* se convierte, por tanto, en el punto de partida imprescindible.

En un *briefing* bien diseñado se incluyen, entre otros, elementos como:

- El contexto de la empresa y del mercado en el que opera.
- Los objetivos específicos que se persiguen.
- La descripción del *buyer* persona, es decir, del cliente ideal al que se dirige la campaña.
- El mensaje principal que se quiere comunicar.
- El cronograma de fases y responsables.
- El presupuesto disponible.

Pero, más allá de esta lista, lo interesante es cómo el *briefing* obliga a la organización a hacerse preguntas clave. ¿Qué queremos lograr realmente con esta campaña? ¿A quién queremos llegar? ¿Qué tono de voz vamos a usar? ¿Qué valor ofrecemos frente a la competencia? El simple hecho de responder a estas cuestiones ya clarifica el camino y reduce errores posteriores.

Podemos ilustrar la relevancia del *briefing* con un ejemplo concreto. Supongamos que una cafetería de barrio decide invertir en *marketing* digital para aumentar clientes. Sin un *briefing*, lo más probable es que empiece publicando fotos en Instagram, creando anuncios sin segmentación y enviando correos improvisados; es decir, esfuerzos dispersos sin coherencia. En cambio, con un *briefing* adecuado podría identificar que su objetivo es aumentar un 20 % las ventas en desayunos durante tres meses, que su *buyer* persona son jóvenes profesionales que trabajan cerca y que su propuesta de valor es el café de especialidad con productos locales. Con esta base, sus acciones digitales tendrían más sentido: anuncios segmentados en Google Maps, promociones específicas en redes a primera hora de la mañana y *newsletters* con menús semanales. El *briefing* convierte la intuición en estrategia.

Otra dimensión fundamental del *briefing* es que favorece el trabajo en equipo. En proyectos de *marketing* digital suelen intervenir perfiles diversos: diseñadores, analistas, creadores de contenido, especialistas en SEO y *community managers*. El *briefing* funciona como un lenguaje común que alinea a todos con los mismos objetivos. Sin él, cada miembro del equipo podría interpretar el proyecto de manera distinta.

En la práctica, el *briefing* no es un documento rígido, sino flexible. Se construye al inicio, pero se revisa y ajusta a lo largo del proyecto. El mercado cambia, los usuarios reaccionan de maneras inesperadas y las plataformas digitales modifican sus algoritmos. Un *briefing* inteligente es aquel que establece una base clara pero admite ajustes.

Una actividad útil al trabajar el *briefing* consiste en elaborar un cronograma aproximado de ejecución. Este cronograma no solo fija fechas, sino que también asigna responsables y define hitos. Por ejemplo, una campaña de tres meses puede dividirse en fases: primero captación de nuevos seguidores, después *engagement* con contenidos interactivos y finalmente fidelización mediante promociones. Al visualizar estas etapas, el equipo entiende el recorrido completo y se compromete con tiempos realistas.

En este punto conviene destacar que el *briefing* no solo se aplica a grandes marcas o campañas millonarias, también es útil para emprendedores individuales, profesionales autónomos o proyectos educativos. Un profesor que quiere lanzar un curso *online* de matemáticas puede beneficiarse de un *briefing* en el que defina a quién va dirigido el curso, qué canales usará para promocionarlo y qué recursos necesita.

Más aún, el *briefing* no se limita al *marketing* digital en sentido estricto, su lógica de planificación puede aplicarse a cualquier iniciativa en la que sea necesario comunicar con claridad, persuadir y coordinar recursos.

La clave está en entender que el *briefing* no es un documento burocrático, sino una herramienta de pensamiento estratégico. Es, en cierto modo, una conversación entre la marca y su futuro, un ejercicio de anticipación que evita la improvisación.

## Objetivos SMART y construcción del *buyer* persona

Definir un objetivo siempre ha parecido una tarea sencilla, casi de sentido común, pero en el ámbito del *marketing* digital se convierte en un acto de precisión estratégica. Decir que una empresa quiere vender más, tener más seguidores en las redes sociales o ser más conocida en su sector no es realmente un objetivo, es apenas un deseo. La diferencia entre un deseo y un objetivo radica en la concreción y en la capacidad de medir resultados. El *marketing* digital, al ser un entorno en el que casi todo se puede cuantificar, obliga a abandonar la vaguedad y a pensar con criterios claros. Aquí es donde entra en juego la metodología SMART, un marco que convierte aspiraciones difusas en metas alcanzables y verificables.

Cuando hablamos de objetivos SMART nos referimos a que deben ser específicos, medibles, alcanzables, relevantes y temporales. La especificidad evita la ambigüedad: no basta con decir «queremos más clientes», sino «queremos aumentar un 15 % las ventas *online* de nuestra línea de productos sostenibles en un periodo de tres meses». Esta concreción es la que permite a un equipo comprender de manera unívoca qué se espera. La medición es igualmente crucial: sin indicadores que nos digan si estamos avanzando, es imposible evaluar. En digital, los KPI

—clics, impresiones, conversiones, tiempo de permanencia, tasa de rebote— se convierten en termómetros de la estrategia. La alcanzabilidad nos recuerda que los objetivos deben situarse dentro de un margen realista: pedir lo imposible solo conduce a la frustración y a la pérdida de confianza del equipo. La relevancia asegura que los objetivos estén alineados con la misión de la empresa y no se conviertan en ejercicios decorativos que no impactan en lo esencial. Por último, la temporalidad impone un plazo que marca ritmo y urgencia, sin el cual los objetivos se eternizan y pierden sentido.

Un ejemplo puede mostrar la diferencia con claridad. Una librería independiente que quiere potenciar su canal *online* podría formular un objetivo vago: «Queremos vender más libros por internet». Transformado en SMART, se convierte en: «Lograr 100 nuevas ventas de literatura infantil en nuestra tienda *online* en los próximos dos meses, utilizando campañas de redes sociales y colaboraciones con *bloggers* especializados en crianza». Este segundo objetivo no solo marca el qué, sino también el cuánto, el cómo y el cuándo, lo que lo hace operativo y verificable.

La formulación de objetivos SMART no solo orienta la acción, también ordena prioridades. En *marketing* digital es fácil dispersarse entre las múltiples posibilidades: abrir cuentas en todas las redes, invertir en anuncios, producir contenido sin un hilo conductor. El riesgo es terminar gastando recursos en actividades que no conducen a nada concreto. Un objetivo bien planteado actúa como filtro: permite evaluar si una acción contribuye o no a la meta establecida. Si no lo hace, se descarta.

La experiencia muestra que muchas empresas cometen errores recurrentes en este punto. Algunas formulan objetivos demasiado amplios, como «posicionarnos como líderes en innovación». Otras fijan metas inalcanzables, como «duplicar las ventas en un mes sin aumentar el presupuesto». También hay quienes olvidan establecer plazos, lo que hace que la estrategia se diluya en el tiempo. La metodología SMART funciona como una especie de disciplina intelectual que previene estas desviaciones y aporta realismo.

Ahora bien, un objetivo por sí mismo sigue siendo insuficiente si no está conectado con las personas concretas a las que se dirige. Es aquí donde entra en escena el concepto de *buyer* persona, uno de los pilares más importantes del *marketing* digital contemporáneo. El *buyer* persona es la representación semificticia del cliente ideal, construida a partir de datos reales y de supuestos razonados. No se trata de inventar un personaje al azar, sino de basarse en investigación, encuestas, entrevistas, análisis de métricas y observación de tendencias.

Lo que distingue al *buyer* persona de una segmentación clásica es su nivel de detalle. No basta con decir que el público son «mujeres entre 25 y 40 años». Hay que humanizar esa información y transformarla en una historia. Pensemos en una empresa de nutrición deportiva. Su *buyer* persona podría ser: «Carlos, 32 años, vive en una gran ciudad, trabaja en una oficina, entrena tres veces por semana en un gimnasio cercano y busca suplementos naturales que no comprometan su salud. Consume vídeos en YouTube sobre rutinas de fuerza, sigue a *influencers* de *fitness* en Instagram y está dispuesto a pagar un poco más por marcas transparentes en sus ingredientes». Este retrato no solo incluye edad y género, sino hábitos, valores, aspiraciones y canales de información.

El valor del *buyer* persona está en que convierte lo abstracto en concreto. Cuando un equipo diseña una campaña pensando en Carlos, las decisiones se vuelven más coherentes: se eligen mensajes que resuenan con sus preocupaciones, se seleccionan canales que realmente utiliza, se diseñan productos que responden a sus expectativas. La empatía se convierte en criterio de trabajo.

Para construir un *buyer* persona sólido es recomendable combinar varias fuentes de información. Las encuestas a clientes actuales permiten detectar patrones de consumo. Las métricas de redes sociales ofrecen datos sobre edad, ubicación y nivel de interacción. Los estudios de mercado aportan una visión más amplia del sector. Las entrevistas personales, aunque más costosas, descubren motivaciones profundas que no aparecen en las estadísticas. Incluso la observación de la competencia puede dar pistas sobre qué perfiles responden mejor a determinados mensajes. Integrar todas estas fuentes en un retrato narrativo es lo que da vida al *buyer* persona.

Un ejemplo ilustrativo se encuentra en el sector educativo. Una academia *online* que ofrece cursos de idiomas puede identificar a varios *buyer* persona distintos: «María, 22 años, estudiante universitaria que busca mejorar su inglés para un Erasmus»; «Luis, 40 años, profesional que necesita inglés técnico para su trabajo»; «Ana, 35 años, madre que quiere aprender francés por interés personal». Cada uno requiere estrategias de comunicación diferentes. Un mismo anuncio genérico no funcionaría para los tres, mientras que una campaña segmentada sí.

El *buyer* persona no es un documento estático. Igual que las personas evolucionan, también lo hacen sus hábitos digitales y sus prioridades de consumo. La pandemia es un ejemplo evidente: en pocos meses se transformaron las rutinas, los horarios, los intereses y los patrones de compra de millones de personas. Las marcas que revisaron sus *buyer* persona para adaptarlos a esta nueva realidad lograron mantener la conexión con su público; las que no lo hicieron quedaron desfasadas.

Trabajar con *buyer* persona también exige un componente ético. Al representar a un cliente ideal corremos el riesgo de reducir a las personas a simples datos de consumo. La clave está en recordar que detrás de cada perfil hay seres humanos con historias, emociones y expectativas. El *marketing* digital más exitoso es aquel que trata a las personas como sujetos integrales y no como meros consumidores. Esto no solo es ético, también es eficaz: los usuarios confían más en marcas que los reconocen como individuos completos.

En la práctica, una dinámica muy útil para equipos de trabajo consiste en pedir a cada miembro que imagine un día completo en la vida del *buyer* persona. Desde el momento en que se despierta hasta que se acuesta: qué aplicaciones abre, qué medios consume, qué frustraciones enfrenta, qué alegrías experimenta. Este ejercicio, aparentemente sencillo, genera una empatía profunda y convierte al cliente en el centro de las decisiones.

La combinación de objetivos SMART y *buyer* persona conforma la columna vertebral de cualquier estrategia digital. Los objetivos aportan dirección; el *buyer* persona aporta destinatario. Uno indica el punto de llegada, el otro señala el camino más humano para alcanzarlo. Juntos convierten un plan en un relato con sentido: sabemos qué queremos lograr y sabemos para quién lo hacemos.

No se trata de pasos aislados, sino de piezas que se retroalimentan. Al definir un *buyer* persona descubrimos necesidades que pueden matizar nuestros objetivos. Y al formular objetivos SMART entendemos mejor qué información necesitamos sobre nuestro público. El proceso es circular, dinámico y adaptativo.

Con estos dos pilares establecidos, la estrategia ya tiene un armazón sólido. Sin embargo, aún falta dar un paso más: entender el recorrido que seguirá nuestro público desde el primer contacto con la marca hasta convertirse en cliente fiel. Ese recorrido, que suele representarse como un embudo, incluye fases sucesivas adquisición, *engagement*, conversión y fidelización. Cada una exige tácticas específicas y plantea retos distintos. Será el foco del próximo capítulo, donde exploraremos cómo acompañar al usuario en cada etapa para transformarlo no solo en comprador, sino en embajador de la marca.

# Fases de la estrategia digital

Cuando pensamos en el *marketing* digital como un proceso, a menudo lo imaginamos como un embudo. La metáfora es conocida: muchas personas entran por la parte superior, pocas llegan al final. Pero esa imagen, aunque útil, corre el riesgo de deshumanizar lo que en realidad está ocurriendo. Detrás de cada clic, de cada visita a una web, de cada interacción en redes sociales, hay personas de carne y hueso que buscan algo: un producto, una respuesta, una sensación de pertenencia, un alivio a una necesidad concreta. Mirar el embudo desde esa perspectiva lo cambia todo. Ya no se trata solo de métricas, sino de acompañar a seres humanos en un recorrido que puede terminar en una compra, sí, pero también en una relación de confianza que dure años.

La primera fase es la adquisición, que equivale al momento en que alguien descubre que existimos. En el mundo *offline* se parecería a entrar en una tienda porque una vitrina nos llamó la atención o porque alguien nos recomendó el lugar. En digital ocurre cuando un usuario encuentra nuestra página en Google, se cruza con un anuncio en Instagram, ve un vídeo en YouTube o escucha hablar de nosotros en un *podcast*. La adquisición no es todavía un vínculo, es apenas un roce, un primer contacto. Aquí el reto está en destacar en medio de la saturación. Cada día recibimos decenas de estímulos, pero solo aquellos que logran conectar con una curiosidad real generan el clic inicial.

Pero captar la atención no basta. Una vez que alguien nos conoce, comienza la fase de *engagement*, es decir, el momento en que esa persona decide quedarse un poco más, explorar, interactuar. En la práctica esto puede ser leer varios artículos de un blog, seguir una cuenta en redes sociales, inscribirse en una *newsletter* o participar en un *webinar* gratuito. El *engagement* es parecido a una conversación inicial con alguien que acabamos de conocer:

si hay chispa, seguimos hablando; si no, nos retiramos educadamente y buscamos otra compañía. Aquí lo importante es ofrecer contenido valioso, que aporte algo al usuario y no se limite a pedir. Muchas marcas fallan en este punto porque, apenas conocen a alguien, ya quieren venderle. Imaginemos a una persona en una fiesta que se presenta diciendo: «Hola. Soy Juan. ¿Me compras este producto?». Nadie respondería bien a esa aproximación. El *engagement* necesita tiempo, cuidado y autenticidad.

La tercera fase es la conversión, que es cuando ese interés inicial se transforma en una acción concreta: una compra, una suscripción de pago, la contratación de un servicio. Es el momento en el que el usuario deja de ser visitante y se convierte en cliente. Aquí entran en juego múltiples factores: la claridad de la propuesta, la facilidad de uso de la web, la confianza que genera la marca, la seguridad del sistema de pago, la transparencia en las condiciones. Muchas veces una conversión se pierde por detalles mínimos: un formulario demasiado largo, un gasto oculto en el carrito, una página que tarda en cargar. Comprender la conversión es comprender que las personas queremos que las cosas sean fáciles, rápidas y confiables.

La última fase es la fidelización, que quizá sea la más importante y, sin embargo, la más olvidada. Convertir a alguien en cliente no significa que lo será siempre. La competencia está a un clic de distancia. Fidelizar implica mantener viva la relación, seguir aportando valor después de la compra, generar confianza a largo plazo. Esto puede lograrse con programas de puntos, con *newsletters* personalizadas, con un servicio posventa atento o con gestos simples, como felicitar a un cliente en su cumpleaños o recomendarle productos que realmente encajan con sus intereses. La fidelización es, en esencia, tratar a las personas como personas, no como cifras en una base de datos.

Podemos imaginar estas fases como un viaje compartido. Al principio caminamos juntos de manera casual, luego decidimos seguir conversando, después damos un paso de compromiso más grande y, finalmente, establecemos una relación duradera. En cada momento las necesidades son distintas. En la adquisición lo que cuenta es despertar la curiosidad; en el *engagement*, demostrar que tenemos algo que ofrecer; en la conversión, eliminar fricciones; en la fidelización, mantener la confianza.

Ejemplos actuales muestran cómo funciona este recorrido. Una aplicación de meditación puede captar usuarios con anuncios que hablan de estrés y bienestar (adquisición). Luego ofrece acceso gratuito a algunas sesiones para que las personas experimenten beneficios inmediatos (*engagement*). Cuando alguien se siente mejor gracias a esas prácticas, se le propone un plan de pago con más funcionalidades y un precio accesible (conversión). Si después la *app* envía recordatorios personalizados, añade nuevas meditaciones cada semana y felicita al usuario por sus avances (fidelización), la relación se fortalece.

En el comercio electrónico el patrón es similar. Una tienda de ropa puede atraer visitas con artículos sobre tendencias de moda o con anuncios segmentados en redes sociales (adquisición). Una vez que el usuario llega a la web, se le muestra un *lookbook* interactivo o se le invita a unirse a la comunidad para recibir descuentos (*engagement*). Si la experiencia de compra es sencilla, con envíos rápidos y devoluciones fáciles, la persona completará la transacción (conversión). Más adelante, si recibe correos con sugerencias basadas en sus compras anteriores, acceso anticipado a nuevas colecciones y un trato cercano en el servicio al cliente, probablemente repetirá la experiencia (fidelización).

La comprensión de estas fases también nos ayuda a entender los errores frecuentes. Hay marcas que invierten grandes sumas en adquisición, llenando sus páginas de visitas, pero descuidan el *engagement* y la fidelización. El resultado es un flujo constante de personas que entran y salen sin dejar huella. Otras se concentran en fidelizar a clientes actuales, pero no dedican recursos suficientes a atraer nuevos, lo que puede estancar su crecimiento. La clave está en ver las fases como partes de un mismo proceso integrado y no como compartimentos estancos.

En la práctica, cada fase requiere herramientas distintas. La adquisición se apoya en SEO, SEM, campañas en redes sociales, *marketing* de *influencers* o colaboraciones estratégicas. El *engagement* necesita contenidos valiosos, *newsletters* atractivas, comunidades *online* activas. La conversión depende de la optimización de la web, del diseño de formularios, de la claridad en la propuesta de valor. La fidelización se sustenta en CRM, automatización de correos, atención posventa y programas de lealtad. Sin embargo, más allá de las herramientas, lo decisivo es la coherencia humana: entender que acompañamos a una persona en un proceso de descubrimiento y confianza.

Un ejercicio práctico que suele resultar revelador consiste en pedir a los equipos de trabajo que describan su propia experiencia como clientes en alguna compra reciente. ¿Cómo conocieron esa marca? ¿Qué los motivó a quedarse explorando? ¿Qué los llevó a dar el paso de comprar? ¿Qué hizo que volvieran o que no volvieran? Cuando conectamos el marco teórico con nuestra vida cotidiana entendemos que lo que llamamos fases del embudo no son otra cosa que comportamientos humanos que todos experimentamos.

Lo fascinante es que estas fases no terminan nunca. Una persona puede entrar en el embudo en múltiples ocasiones, pasar de la fidelización a la adquisición de otra marca o ser fiel en un producto pero no en otro. El recorrido no es lineal, sino dinámico, lleno de idas y vueltas. Por eso, más que pensar en un embudo rígido, conviene imaginar una red de relaciones en la que los usuarios entran, salen, recomiendan y regresan en función de cómo se sienten tratados.

Así, la estrategia digital no debe obsesionarse solo con convertir, sino con acompañar. Cada fase es una oportunidad para construir confianza y demostrar que entendemos las necesidades del usuario. Al fin y al cabo, el objetivo último no es solo que alguien compre una vez, sino que confíe en nosotros como opción preferente en el futuro.

Este capítulo nos permite ver el *marketing* digital no como un proceso mecánico, sino como un viaje humano. En ese viaje, las historias que contamos y los valores que transmitimos se vuelven decisivos. En el próximo capítulo abordaremos precisamente eso, cómo crear estrategias de contenido digital capaces de sostener la atención, generar conversaciones y dar sentido a cada etapa de este recorrido.

## Estrategia de contenidos digitales

Cuando hablamos de *marketing* digital, a menudo pensamos en anuncios, métricas, presupuestos y tecnologías. Sin embargo, en el centro de todo sigue estando algo tan básico como contar historias y ofrecer mensajes que importen. El contenido es la materia prima que nutre todos los canales digitales: sin él no habría publicaciones en redes sociales, ni artículos en blogs, ni vídeos que circulen en plataformas, ni correos que lleguen a las bandejas de entrada. La estrategia de contenidos es, en ese sentido, el esqueleto invisible que sostiene cada interacción. Al mismo tiempo es el arte de comunicar de forma útil, interesante y coherente para que las personas quieran escucharnos.

El contenido digital no es solo información, también es experiencia. Cuando alguien entra en la página web de una marca, lo que encuentra no es únicamente un catálogo de productos, sino una narrativa que lo envuelve. Una tienda de ropa puede mostrar imágenes cuidadas que transmiten un estilo de vida; una empresa tecnológica puede ofrecer tutoriales y guías que convierten lo complejo en accesible; un restaurante puede publicar recetas que despiertan recuerdos familiares. En todos los casos, el contenido no solo informa: conecta con emociones y construye confianza.

Diseñar una estrategia de contenidos exige pensar más allá de la improvisación. Muchas empresas comienzan publicando sin rumbo: una foto hoy, un vídeo mañana, un artículo cuando alguien tiene tiempo. El resultado es una presencia digital errática, sin coherencia ni continuidad. Una estrategia, en cambio, implica preguntarse qué queremos transmitir, a quién nos dirigimos, en qué formatos lo haremos y con qué frecuencia. El contenido se planifica como un viaje: cada pieza cumple una función en un recorrido mayor que conduce al usuario desde el descubrimiento hasta la fidelidad.

El valor de la estrategia no radica en producir más, sino en producir mejor. No se trata de inundar a la audiencia con publicaciones diarias sin sustancia, sino de ofrecer materiales que aporten algo real. Una clínica de salud, por ejemplo, no gana credibilidad por subir veinte *posts* al mes sobre frases motivacionales, sino por publicar cuatro artículos bien fundamentados sobre prevención, acompañados de vídeos cortos con consejos prácticos. La calidad se impone a la cantidad cuando el objetivo es construir una relación duradera.

Los ejemplos actuales muestran cómo el contenido puede transformar la percepción de una marca. Una empresa de productos de limpieza puede parecer irrelevante a primera vista, pero, si comparte tutoriales sobre cómo reducir químicos en el hogar, historias de familias que adoptan hábitos más sostenibles y guías sobre reciclaje, se convierte en referente de estilo de vida responsable. Lo mismo ocurre en sectores saturados: una cafetería independiente puede diferenciarse frente a cadenas multinacionales contando historias de sus proveedores locales, mostrando el proceso artesanal del tostado y generando una comunidad en torno a la cultura del café.

La clave está en escuchar al público antes de producir. Una estrategia de contenidos sólida nace de conocer qué preguntas, problemas y deseos tienen las personas a las que queremos llegar. Si un grupo de estudiantes busca métodos de organización, un centro educativo puede crear contenido sobre técnicas de estudio, calendarios descargables y vídeos con consejos de concentración. Si un grupo de jóvenes emprendedores necesita inspiración, una entidad financiera puede compartir casos de éxito, plantillas de plan de negocio y *podcasts* con expertos. Escuchar convierte el contenido en respuesta y evita que se quede en un ruido más dentro del océano digital.

Un aspecto fundamental de la estrategia es la coherencia en la voz y en el tono. Una marca no puede sonar divertida en TikTok, formal en LinkedIn y distante en su página web sin provocar desconcierto. La coherencia no significa rigidez, sino armonía: podemos adaptarnos al contexto de cada plataforma sin perder identidad. El público reconoce la autenticidad cuando una marca se expresa con naturalidad y mantiene sus valores intactos, incluso al cambiar de formato.

Planificar el contenido también implica organizar tiempos y recursos. Un calendario editorial permite distribuir temas y formatos a lo largo de semanas o meses, evitando tanto los silencios prolongados como la saturación. Este calendario no es una cárcel, sino una guía flexible que ayuda a anticipar tendencias, aprovechar fechas relevantes y coordinar equipos. Un buen calendario permite que cada publicación encaje en un propósito mayor y no se convierta en un gesto aislado.

La medición completa el círculo. El contenido digital ofrece la ventaja de poder evaluarse en detalle: qué artículos fueron más leídos, qué vídeos retuvieron más segundos de atención, qué publicaciones generaron comentarios auténticos. Analizar estos datos no debe ser un ejercicio frío de números, sino una manera de comprender qué le interesa de verdad a la gente y cómo mejorar la relación con ellos. Una estrategia viva es la que aprende constantemente de la respuesta de la audiencia.

Un ejemplo concreto puede ilustrar el ciclo. Pensemos en una marca de zapatillas sostenibles. En la fase de adquisición, publica artículos sobre el impacto ambiental de la moda rápida. En la fase de *engagement*, comparte vídeos mostrando el proceso de fabricación ética y entrevistas con diseñadores. En la conversión, ofrece guías de tallas y testimonios de clientes satisfechos para reducir la incertidumbre. En la fidelización, envía *newsletters* con consejos de cuidado del calzado y acceso anticipado a nuevos modelos. Cada pieza de contenido se integra en una narrativa mayor que acompaña al usuario paso a paso.

La práctica en el aula o en un taller puede consistir en pedir a los estudiantes que creen un calendario de contenidos para un proyecto ficticio. Puede tratarse de una librería, un gimnasio, una *startup* tecnológica o incluso un perfil personal de divulgación. El ejercicio ayuda a experimentar con formatos distintos —artículos, vídeos, infografías, *podcasts*— y a pensar en la lógica de la secuencia: qué publicar primero para captar atención, qué después para generar confianza y qué finalmente para invitar a la acción.

Otra práctica interesante es analizar el contenido de marcas reales, observar cómo se presentan en distintas plataformas, qué mensajes repiten, qué tono utilizan y cómo interactúan con sus comunidades. Este análisis permite distinguir entre estrategias coherentes y simples improvisaciones, y ayuda a identificar buenas prácticas que pueden inspirar proyectos propios.

Lo fascinante de la estrategia de contenidos es que no es estática. Igual que cambian los hábitos digitales, también cambian los formatos preferidos por las personas. Hace una década el blog escrito era el formato rey; hoy el vídeo corto domina buena parte de la atención. En pocos años quizá sea la realidad aumentada o las experiencias inmersivas las que definan la conversación. Una buena estrategia no se aferra a un formato por costumbre, sino que experimenta, prueba y se adapta sin perder la esencia.

Lo humano atraviesa todo este proceso. En el fondo, lo que las personas buscan en el contenido es sentirse acompañadas, informadas, entretenidas o inspiradas. Cuando una marca logra provocar esa chispa, deja de ser solo una vendedora para convertirse en parte de la vida cotidiana de quienes la siguen. Esa conexión íntima es la que sostiene el vínculo más allá de la transacción económica.

Y precisamente porque hablamos de vínculos, el siguiente paso después de planificar contenidos es preguntarnos cómo logramos que estos se encuentren realmente con las personas. Aquí entramos en el terreno de la visibilidad: los buscadores, las palabras clave, el posicionamiento en la red. Porque un contenido puede ser brillante, pero si nadie lo encuentra se convierte en un tesoro escondido. Por eso, en el capítulo siguiente nos adentraremos en el universo del SEO, que es la puerta de entrada a ese encuentro entre lo que producimos y lo que la gente busca.

## SEO: posicionamiento orgánico

*Marketing* digital es uno de los términos que con más frecuencia aparece en cualquier conversación es SEO, siglas que provienen del inglés *Search Engine Optimization*, cuya traducción es 'optimización para motores de búsqueda'. Dicho así, suena técnico y quizá distante, pero en realidad se refiere a algo muy humano: el esfuerzo por ser encontrado. En un mundo donde millones de páginas compiten cada segundo por la atención de los usuarios, estar visible en el momento en que alguien busca información puede marcar la diferencia entre ser recordado o permanecer invisible.

El SEO no es un truco ni una fórmula mágica que permite engañar a los algoritmos, más bien es una forma de comprender cómo funcionan los buscadores y cómo se comportan las personas cuando utilizan esas herramientas. Pensemos en nuestra propia experiencia: cada vez que abrimos Google lo hacemos con una intención. Puede ser encontrar un restaurante, resolver una duda médica, comparar precios de un producto, leer una reseña de cine o buscar un tutorial. En cuestión de segundos, el buscador nos ofrece una lista de resultados que interpreta como relevantes para lo que pedimos. Nosotros, casi siempre, elegimos entre los primeros que aparecen. Pocas veces pasamos de la primera página, y muy raramente llegamos a la tercera o cuarta. Ahí reside la importancia del SEO: si una página no logra estar visible en ese espacio privilegiado, prácticamente no existe para la mayoría de los usuarios.

La optimización para buscadores se apoya en dos grandes pilares: la relevancia del contenido y la autoridad del sitio. La relevancia significa que el contenido realmente responde a la pregunta del usuario. Si alguien busca «cómo cuidar plantas de interior» y entra en una página que solo promociona macetas sin ofrecer consejos prácticos, probablemente retroceda en segundos. Ese comportamiento es registrado por el buscador, que interpreta que la página no era adecuada. Por el contrario, si la persona encuentra un artículo detallado con instrucciones claras, ejemplos, fotos y recomendaciones útiles, es más probable que permanezca más tiempo leyendo, comparta el enlace o vuelva en el futuro. Todo esto le indica al buscador que esa página sí satisface la necesidad.

La autoridad, en cambio, se construye cuando otros sitios reconocen el valor de una página y enlazan hacia ella. Es como en la vida real: la reputación de alguien crece cuando muchas personas lo recomiendan. En el entorno digital, los enlaces de calidad funcionan como votos de confianza. Cuantos más sitios relevantes apunten hacia una página, mayor credibilidad le asignará el buscador. Sin embargo, no todos los votos valen lo mismo. Un enlace desde un periódico reconocido o desde una universidad pesa más que uno desde un blog desconocido o de dudosa calidad. Por eso el SEO no es cuestión de acumular enlaces a toda costa, sino de construir relaciones auténticas y de producir contenido que otros quieran compartir de manera natural.

La práctica del SEO se divide a menudo en lo que ocurre dentro de la propia página (SEO *on page*) y lo que sucede fuera de ella (SEO *off page*). Dentro de la página, los factores incluyen la estructura del sitio, el uso adecuado de títulos y subtítulos, la claridad de las url, la velocidad de carga, la adaptación a dispositivos móviles y, sobre todo, la calidad del contenido. Fuera de la página, lo más importante son los enlaces entrantes, las menciones en las redes sociales, la presencia en directorios y la autoridad general de la marca. Ambos planos se retroalimentan: una página bien construida atrae visitas y esas visitas generan interacciones que aumentan la autoridad.

Aunque todo esto pueda sonar muy técnico, lo esencial es recordar que el SEO existe para servir a las personas. Google y otros buscadores perfeccionan constantemente sus algoritmos para evitar trampas y favorecer a quienes ofrecen respuestas auténticas. Hace años era común ver páginas que repetían la misma palabra clave decenas de veces para escalar posiciones. Hoy esa práctica se penaliza porque se considera engañosa. Lo que los buscadores premian es la naturalidad: contenidos que suenan humanos, que resuelven dudas reales y que se presentan de forma clara y accesible. Un ejemplo concreto ayuda a visualizarlo. Imaginemos una clínica veterinaria local que quiere atraer más clientes. Si su página web solo tiene el nombre, dirección y teléfono, difícilmente aparecerá en los primeros resultados cuando alguien busque «cómo saber si mi perro tiene fiebre» o «vacunación de gatos en Madrid». En cambio, si la clínica publica artículos en su blog con consejos de cuidado, guías sobre vacunación, listas de síntomas y explicaciones sencillas, es más probable que Google considere su web como relevante. Además, si logra que revistas de animales, blogs de mascotas o asociaciones locales la mencionen y enlacen, su autoridad aumentará. Así, poco a poco, cuando alguien de la zona busque un veterinario, esa clínica aparecerá en las primeras posiciones.

En sectores muy competidos el reto es mayor. Una tienda *online* de electrónica compite con gigantes internacionales. Para diferenciarse, no puede limitarse a listar productos, necesita generar contenido que responda a preguntas específicas: comparativas entre modelos, tutoriales de instalación, reseñas de usuarios, guías de compra. De esa manera atrae a personas que no solo buscan precio, sino orientación. El SEO se convierte así en una herramienta de proximidad: ayuda a estar en el lugar justo en el momento en que alguien formula una necesidad.

Desde el punto de vista pedagógico, resulta útil plantear actividades que permitan experimentar con el SEO. Una de ellas consiste en elegir un tema cotidiano —por ejemplo, recetas de cocina o consejos de estudio— y pedir a los estudiantes que redacten un artículo de blog optimizado. Deben pensar qué palabras clave utilizar, cómo estructurar el texto con títulos claros, cómo incluir imágenes con descripciones adecuadas y cómo enlazar a otras páginas confiables. Después, pueden analizar en qué medida ese artículo sería atractivo para un buscador y, lo más importante, para un lector humano. Este ejercicio muestra que el SEO no es escribir para máquinas, sino escribir para personas con la conciencia de que un algoritmo intermediará en la visibilidad.

Otra práctica enriquecedora es investigar qué páginas aparecen en los primeros lugares de un tema específico y analizar por qué. ¿Qué longitud tienen sus textos? ¿Qué tipo de títulos usan? ¿Qué autoridad tienen los sitios que los enlazan? Comparar varias páginas ayuda a comprender los criterios que premian los buscadores y enseña a distinguir entre calidad genuina y simple repetición de trucos técnicos.

El SEO, además, nos invita a reflexionar sobre la paciencia. A diferencia de la publicidad pagada, que puede generar resultados inmediatos, el posicionamiento orgánico requiere tiempo. Los algoritmos tardan en reconocer la autoridad de una página, los enlaces se construyen poco a poco y la reputación se gana con constancia. Esto puede resultar frustrante para quienes buscan impactos rápidos, pero también garantiza una ventaja: una vez logrado un buen posicionamiento, los beneficios se mantienen a largo plazo y con menor inversión. En cierto modo, el SEO es comparable a cultivar un huerto: no basta con sembrar una vez; hay que regar, cuidar, esperar, y solo después llegan los frutos.

El componente humano es otra dimensión fundamental. El SEO no debe entenderse solo como una técnica de visibilidad, sino como una manera de estar presente cuando alguien lo necesita. En ese sentido, puede verse como un acto de hospitalidad digital: cuando un usuario busca información, el SEO hace posible que encuentre una puerta abierta con una respuesta clara y útil. Esa hospitalidad, si se mantiene coherente, se transforma en confianza. Y la confianza, como sabemos, es el bien más valioso en la economía actual.

También hay que mencionar las transformaciones que se avecinan. La inteligencia artificial está modificando el modo en que interactuamos con los buscadores. Las respuestas ya no son solo listas de enlaces, sino explicaciones generadas automáticamente. Esto plantea nuevos retos para el SEO: ¿cómo lograr que el contenido de una marca sea reconocido como fuente confiable y aparezca en esas respuestas? La tendencia apunta a que el SEO del futuro dependerá aún más de la credibilidad y de la originalidad del contenido. Las marcas tendrán que ofrecer información tan clara, tan bien fundamentada y tan humana que incluso los algoritmos inteligentes la reconozcan como valiosa.

Hay ejemplos recientes que lo confirman. Muchas instituciones culturales, como museos y bibliotecas, han fortalecido su presencia digital creando contenidos educativos en línea. Gracias a ello, no solo aumentaron sus visitas presenciales tras la pandemia, sino que lograron convertirse en referentes internacionales. Ese reconocimiento no llegó de un día para otro, fue fruto de una estrategia de SEO que priorizó la calidad sobre la cantidad y la autenticidad sobre la manipulación.

Quienes se adentran en este campo descubren pronto que el SEO no es un conjunto de trucos aislados, sino una actitud. Se trata de pensar en cómo ser útiles, cómo aportar valor, cómo responder mejor a lo que la gente busca. Al hacerlo, inevitablemente se construye autoridad. Y cuando esa autoridad se consolida, el buscador la refleja.

El SEO es, en definitiva, la base silenciosa de cualquier estrategia digital. Sin él, incluso los mejores contenidos corren el riesgo de no ser encontrados. Con él, una marca pequeña puede competir con gigantes si logra conectar con las necesidades reales de su público. Y lo más importante: con él, la experiencia del usuario mejora porque encuentra respuestas rápidas, claras y confiables.

A partir de aquí, surge una pregunta natural: si el SEO es la vía orgánica para aparecer en buscadores, ¿qué ocurre cuando queremos acelerar el proceso y llegar a más gente en menos tiempo? Esa es la dimensión del SEM, la publicidad de pago que complementa al posicionamiento orgánico. En el próximo capítulo exploraremos cómo se combinan ambas estrategias, no como opuestas, sino como dos caminos que se cruzan en la misma meta: estar presentes en el momento justo en que alguien busca una respuesta.

## SEM: publicidad digital de pago

El *marketing* digital tiene una particularidad que lo distingue de cualquier otro sistema de comunicación en la historia: la capacidad de jugar con dos velocidades. Por un lado, está la vía orgánica, que se cultiva con paciencia a través del SEO, del contenido útil, de la construcción de autoridad a lo largo del tiempo. Por otro lado, está la vía rápida, la que permite saltar de inmediato a la primera fila con un anuncio pagado. A esta segunda dimensión la conocemos como SEM, siglas de *Search Engine Marketing*, y aunque a menudo se presenta como el reverso del SEO, en realidad no son opuestos: uno es la siembra constante que da frutos duraderos; el otro es la chispa que ilumina el camino cuando queremos acelerar resultados.

El SEM consiste, en esencia, en pagar para que un contenido, un producto o un servicio aparezca en los lugares de mayor visibilidad de los buscadores. Cuando tecleamos una consulta en Google, los primeros resultados que vemos suelen ser anuncios destacados. Su diferencia con los orgánicos es mínima a simple vista, salvo por una etiqueta discreta que indica «Patrocinado». Esa posición privilegiada se gana no solo con dinero, sino con una estrategia precisa que combina puja, relevancia y calidad. En otras palabras: no basta con pagar, hay que hacerlo bien.

Lo interesante del SEM es que no funciona como la publicidad tradicional de interrupción, que interrumpe lo que el usuario estaba haciendo para meter un mensaje. Aquí el anuncio aparece justo cuando la persona busca algo relacionado. Es decir, no estás obligando a nadie a ver tu publicidad, sino que te colocas en el instante en que alguien ya mostró interés. Si alguien busca «mejor academia de idiomas *online*», es porque probablemente quiera matricularse en un curso. Aparecer en ese momento exacto no es casualidad, sino el resultado de una campaña de SEM bien diseñada.

El funcionamiento del SEM se apoya en un sistema de subasta en tiempo real. Cada vez que alguien introduce una palabra clave en un buscador, se activa un proceso automático en el que diferentes anunciantes compiten por aparecer. No gana necesariamente quien más paga, sino quien logra un mejor equilibrio entre la puja y la calidad de su anuncio. Google, por ejemplo, utiliza un índice llamado *Quality Score*, que evalúa la relevancia del anuncio, la experiencia de la página de destino y la tasa esperada de clics. Este detalle es crucial porque demuestra que los buscadores también buscan proteger la experiencia del usuario: no se trata de llenar de anuncios irrelevantes, sino de mostrar lo que realmente pueda servir.

Para entenderlo de forma sencilla podemos imaginar una feria. Varios vendedores quieren colocar su puesto en la entrada principal, pero el organizador no elige solo al que ofrece más dinero, sino también al que garantiza que su *stand* atraerá visitantes, que tiene productos de calidad y que mejorará la experiencia de quienes llegan. Así funciona el SEM: la puja económica importa, pero la pertinencia y la calidad son determinantes.

Un aspecto fascinante del SEM es su precisión en la segmentación. No solo puedes decidir qué palabras clave activarán tus anuncios, también puedes delimitar el área geográfica, la franja horaria, el idioma, el dispositivo e incluso las características de la audiencia. Esto significa que un pequeño restaurante puede anunciarse solo en un radio de dos kilómetros alrededor de su local y únicamente en la hora de la comida; o que una librería *online* puede mostrar anuncios a usuarios que buscan novelas históricas y excluir a quienes buscan manuales técnicos. La capacidad de ajustar con tanta exactitud convierte al SEM en una herramienta poderosa para pequeñas y grandes empresas.

Las campañas de SEM se gestionan a través de plataformas como Google Ads o Bing Ads, que permiten crear anuncios de texto, de *display* o incluso de vídeo en YouTube. Cada formato tiene sus particularidades. Los anuncios de texto son ideales para responder a búsquedas directas; los de *display*, que aparecen como *banners* en sitios web asociados, sirven para trabajar la visibilidad de marca; los de vídeo aprovechan la fuerza emocional de la imagen en movimiento. La elección depende del objetivo, que puede ir desde generar tráfico hasta aumentar ventas o reforzar notoriedad.

Lo interesante es que el SEM ofrece resultados inmediatos. Una campaña puede activarse hoy y empezar a mostrar visitas o conversiones en cuestión de horas. Esta inmediatez es uno de sus grandes atractivos, sobre todo frente al SEO, que requiere semanas o meses para consolidarse. Pero esa misma inmediatez encierra un riesgo: cuando se deja de invertir, la visibilidad desaparece al instante. Por eso, lo más inteligente no es elegir entre SEO o SEM, sino combinar ambas estrategias. El SEM aporta velocidad y presencia inicial, mientras que el SEO construye una base sólida a largo plazo.

Hay ejemplos que muestran cómo el SEM puede marcar la diferencia. Una pequeña academia de música que lanza cursos de verano puede invertir en anuncios dirigidos a padres de niños entre 6 y 12 años en una ciudad determinada. Con un presupuesto modesto logra aparecer en los primeros resultados cada vez que alguien busca «clases de guitarra para niños». Otro caso es el de una *startup* de *software* que quiere darse a conocer en un mercado saturado. A través de SEM, consigue que su página aparezca cuando los usuarios buscan «mejor herramienta de gestión de proyectos para pymes». En ambos casos, el SEM actúa como un altavoz que amplifica la visibilidad en el momento justo.

No obstante, no se trata simplemente de lanzar anuncios, sino de diseñarlos con empatía. El usuario que busca en Google espera una respuesta, no un eslogan vacío. Por eso, los anuncios más efectivos son aquellos que se presentan como solución concreta. Si alguien escribe «reparar pantalla de móvil rota», lo que busca no es un discurso de marca, sino rapidez, precio claro y cercanía. Un anuncio que diga «Reparamos tu pantalla en 30 minutos, repuesto original y garantía de 12 meses. Reserva *online*» tendrá más éxito que uno que solo declare «Los mejores servicios técnicos». El SEM exige ponerse en los zapatos del usuario y hablar su mismo idioma.

Otra dimensión del SEM es la analítica. Cada campaña genera datos sobre cuántas personas vieron el anuncio, cuántas hicieron clic, cuánto costó cada visita y cuántas se transformaron en ventas. Esta información permite ajustar la estrategia en tiempo real. Si una palabra clave no funciona, se sustituye. Si un anuncio no genera clics, se prueba con otro. Esa capacidad de experimentación convierte al SEM en un laboratorio constante de aprendizaje, donde cada inversión se optimiza paso a paso.

En el plano pedagógico, una actividad interesante consiste en pedir a los estudiantes que diseñen un anuncio de SEM para un proyecto ficticio. Deben elegir las palabras clave, redactar el texto del anuncio, definir la página de destino y establecer un presupuesto. Después, se simula cómo competiría en una subasta y qué factores aumentarían su relevancia. Este ejercicio permite comprender de manera práctica la lógica del SEM y ayuda a valorar lo que significa pagar por visibilidad.

El SEM también plantea retos éticos. No todo vale con tal de aparecer. Algunas empresas caen en la tentación de usar palabras clave engañosas para atraer clics que luego generan decepción. Otras diseñan anuncios que prometen más de lo que ofrecen. Estas prácticas, además de estar penalizadas por las plataformas, erosionan la confianza de los usuarios. A largo plazo, un clic conseguido con engaño es peor que ningún clic, porque convierte la relación en desconfianza. Por eso, el SEM no puede verse solo como una transacción económica, sino como un compromiso con la transparencia.

La publicidad digital de pago, en definitiva, es una herramienta que amplifica la visibilidad, acelera los resultados y permite llegar a audiencias muy específicas. Pero también es un recordatorio de que la velocidad sin dirección carece de sentido. El SEM solo cobra valor cuando se integra en una estrategia más amplia, donde los objetivos están claros, el público está bien definido y el contenido responde a necesidades reales.

Lo fascinante es que el SEM no vive aislado: se cruza constantemente con el SEO, con el contenido, con las redes sociales, con el *e–mail marketing*. Un anuncio puede ser la puerta de entrada, pero lo que mantiene dentro al usuario es la experiencia posterior. De nada sirve pagar por clics si la página de destino no cumple lo que promete. Por eso, el siguiente paso en nuestra exploración no puede limitarse a la publicidad pagada en buscadores. Tenemos que mirar hacia los espacios donde las personas pasan más tiempo, donde se relacionan, conversan, recomiendan y critican:

las redes sociales. Allí la lógica de la comunicación cambia, porque ya no hablamos solo de aparecer en una búsqueda puntual, sino de convivir cada día en la vida digital de las personas.

## Redes sociales como canal estratégico

Las redes sociales se han convertido en una especie de plaza pública global, un lugar donde millones de personas se encuentran cada día para compartir ideas, emociones, imágenes y experiencias. En ese espacio común, las marcas también buscan hacerse presentes. Lo interesante es que, a diferencia de los anuncios tradicionales que interrumpen la vida cotidiana, en las redes las empresas se insertan en conversaciones que ya existen. Esto convierte a las redes en un canal privilegiado para el *marketing* digital, pero también en un territorio delicado, porque la línea entre participar y molestar es muy fina. Usarlas como canal estratégico significa entender sus dinámicas, respetar sus códigos y aportar valor real, no solo ruido.

Cada red social tiene su personalidad, su lógica y su comunidad particular. Instagram gira en torno a la imagen y al impacto visual, con un lenguaje que mezcla estética, aspiración y cotidianidad. TikTok es el reino del vídeo breve, de la creatividad espontánea y del humor compartido. LinkedIn se centra en la construcción de reputación profesional y en el intercambio de conocimiento en contextos de trabajo. Twitter, rebautizado como X en algunos territorios, sigue siendo el espacio de la inmediatez, del debate y de la actualización constante. Facebook, aunque ha perdido fuerza en ciertos segmentos jóvenes, continúa siendo relevante en comunidades locales, grupos de afinidad y eventos. YouTube combina entretenimiento, educación y tutoriales que responden a necesidades concretas. Entender esta diversidad es crucial para cualquier estrategia: no se trata de estar en todas partes, sino de elegir bien dónde tiene sentido hablar.

El error más común de las marcas es abrir perfiles en todas las plataformas y publicar lo mismo en todas ellas. Esa estrategia no solo es ineficiente, también transmite desconexión. Una empresa que sube un comunicado formal en LinkedIn y repite exactamente el mismo texto en TikTok se expone al ridículo. Los usuarios perciben enseguida cuando un mensaje no encaja con el tono de la comunidad. Por eso, usar redes sociales de manera estratégica implica adaptar el contenido a cada canal, no disfrazar lo mismo en múltiples lugares.

El poder de las redes no reside únicamente en su capacidad de difundir mensajes, sino en su potencial de interacción. Un comentario respondido con cercanía puede valer más que una campaña costosa, porque demuestra que detrás del logo hay personas que escuchan. Un cliente que se queja y recibe respuesta rápida y empática no solo se siente atendido, sino que puede transformar su percepción negativa en lealtad. En el entorno digital, la atención al cliente se ha desplazado de los *call centers* a los chats y los perfiles sociales. Esto exige a las marcas estar presentes de manera constante, con equipos preparados para dialogar, no solo para publicar.

Un ejemplo revelador lo encontramos en las aerolíneas. Los retrasos, cancelaciones y problemas con el equipaje suelen generar quejas inmediatas en Twitter. Las compañías que ignoran esos mensajes multiplican la frustración de los pasajeros; las que responden en minutos con soluciones concretas consiguen transformar un conflicto en una oportunidad de fidelización. Lo mismo ocurre en el sector alimentario, donde los consumidores preguntan en redes sobre alérgenos, ingredientes o disponibilidad de productos. La rapidez y la transparencia son las que marcan la diferencia entre una marca que inspira confianza y otra que parece distante.

Las redes sociales también han modificado la lógica de la publicidad. En lugar de anuncios unidireccionales, ofrecen la posibilidad de segmentar con una precisión sin precedentes. Una campaña en Facebook Adds puede dirigirse a mujeres de entre 30 y 40 años que viven en una ciudad concreta, que han mostrado interés en yoga y que recientemente interactuaron con páginas de alimentación saludable. Esa capacidad de afinación convierte la publicidad en redes en una herramienta poderosa, especialmente para negocios pequeños que necesitan optimizar su inversión. Pero esa misma precisión exige responsabilidad: bombardear a los usuarios con mensajes constantes puede provocar rechazo, mientras que un anuncio relevante y respetuoso puede generar una conexión auténtica.

Otra característica que convierte a las redes en un canal estratégico es la posibilidad de medirlo todo. Las métricas no se limitan a contar seguidores, sino que permiten analizar el alcance real de las publicaciones, el número de interacciones, las veces que se compartió un contenido o la conversión final en una compra. Estas cifras ofrecen una radiografía del comportamiento del público y permiten ajustar la estrategia de manera continua. Una publicación que no tuvo éxito no es necesariamente un fracaso, también es una oportunidad para aprender qué no interesa, qué tono no funciona o qué formato no atrajo la atención.

Un aspecto esencial es la coherencia en el tiempo. Las redes no perdonan la inconsistencia. Un perfil que publica de manera intensa durante dos semanas y luego desaparece transmite improvisación. Los usuarios esperan cierta regularidad, aunque sea modesta. Mejor publicar poco y con calidad que saturar y después ausentarse. Aquí entra en juego el calendario editorial, que ayuda a planificar no solo los temas, sino también la frecuencia y los formatos. La constancia construye confianza, y en redes la confianza es frágil y necesita cuidado permanente.

Hay numerosos ejemplos que pueden servir de inspiración. Una librería independiente puede usar Instagram para mostrar la llegada de nuevos títulos, organizar clubes de lectura *online* y recomendar lecturas según estaciones del año. Un gimnasio puede aprovechar TikTok para lanzar rutinas cortas de entrenamiento y retos semanales que inviten a la comunidad a participar. Una consultora de recursos humanos puede usar LinkedIn para compartir artículos sobre liderazgo y estudios de tendencias laborales. En cada caso, lo que convierte a la red en estratégica es que se convierte en un espacio de encuentro, no solo en un tablón de anuncios.

En la práctica pedagógica, un ejercicio valioso consiste en pedir a los estudiantes que analicen la presencia en redes de una marca concreta y evalúen si hay coherencia entre su identidad y su comunicación. Pueden observar el tono, el diseño visual, la interacción con los seguidores y la frecuencia de publicación. Después, pueden proponer mejoras o nuevas ideas de contenido adaptadas al público objetivo. Este ejercicio entrena la mirada crítica y enseña que las redes sociales no son solo entretenimiento, sino herramientas de gestión estratégica.

Otra práctica útil es crear una campaña ficticia con un presupuesto limitado. Por ejemplo, una panadería artesanal que quiere aumentar clientes en su barrio. Los estudiantes deben decidir en qué red invertirían, qué mensajes utilizarían, cómo segmentarían la audiencia y cómo medirían el impacto. Este tipo de simulación muestra que incluso con recursos modestos es posible construir presencia digital significativa si se eligen bien los canales y se diseñan mensajes auténticos.

El componente humano atraviesa todas estas decisiones. Al final, las redes sociales son conversaciones. Las marcas que lo entienden participan como invitadas que escuchan, aportan y respetan. Las que no lo entienden irrumpen como extraños que hablan demasiado alto y solo de sí mismos. La diferencia entre ambas actitudes determina el éxito o el fracaso en este canal.

Mirando hacia adelante, resulta evidente que las redes seguirán evolucionando. Los formatos cambian con rapidez, aparecen nuevas plataformas y desaparecen otras. Lo que permanece constante es la necesidad de autenticidad. Los usuarios valoran la honestidad, el humor genuino, la creatividad fresca y el compromiso con causas reales. Las redes sociales seguirán siendo un espacio de exhibición, pero también de vulnerabilidad: las marcas no pueden controlar todo lo que se dice de ellas, y deben aprender a gestionar la crítica con humildad y transparencia.

Si entendemos las redes como un canal estratégico, descubrimos que no se trata de tener más seguidores ni de lograr viralidad a toda costa, sino de estar presentes de manera significativa en la vida digital de las personas. Y esa presencia se construye con coherencia, empatía y capacidad de escuchar.

El recorrido que hemos seguido nos ha llevado de la visibilidad en buscadores a la publicidad de pago y, ahora, al universo social, donde la conversación es diaria y constante. El siguiente paso natural es explorar otra herramienta que también dialoga directamente con las personas, aunque en un espacio más íntimo y directo: el correo electrónico. Allí, lejos del bullicio de las redes, se abre un canal de comunicación personal que puede ser tan poderoso como cualquier campaña pública.

## *E-mail marketing* y automatización

El correo electrónico ha sobrevivido a todo el que predecía que iba a desaparecer. Cuando aparecieron las redes sociales, muchos aseguraban que el *e–mail* quedaría obsoleto, como una reliquia de la era de los primeros internautas. Sin embargo, lejos de eso, el correo ha demostrado ser una de las herramientas más sólidas del *marketing* digital. La razón es sencilla: a diferencia de otros canales, el *e–mail* llega directamente a un espacio íntimo del usuario, su bandeja de entrada, un lugar que todavía conserva un aura de atención personal. Mientras las publicaciones en las redes sociales compiten con cientos de estímulos en un mismo *timeline*, el correo abre una ventana donde el mensaje se recibe de manera individualizada, casi como una carta en el buzón de casa.

El valor del *e–mail marketing* no radica solo en su capacidad de llegar, sino en el hecho de que llega a personas que previamente dieron su consentimiento. Nadie se suscribe por azar. Quien deja su dirección de correo en una web, al apuntarse a una *newsletter* o al descargar un recurso, está manifestando un interés real. Esa voluntariedad convierte al *e–mail* en un canal cualificado: en lugar de lanzar mensajes al aire para ver quién responde, se establece un contacto con alguien que ya levantó la mano para decir «quiero saber más». Por eso la tasa de conversión de las campañas de *e–mail* suele ser mucho más alta que la de las redes sociales.

Ahora bien, para que el correo funcione como herramienta de *marketing* no basta con enviar promociones de manera masiva. Esa práctica, heredada de la publicidad tradicional, se convierte rápidamente en *spam* y genera rechazo. Lo que convierte al *e–mail* en estratégico es la personalización. El usuario espera que el mensaje tenga sentido para él, que responda a sus intereses y a su momento en el recorrido con la marca. No es lo mismo dirigirse a alguien que acaba de registrarse que a alguien que lleva años comprando. No es igual hablar a un estudiante que a un profesional con familia. La capacidad de segmentar listas y de diseñar mensajes adaptados es lo que diferencia a una campaña efectiva de una que va directa a la papelera.

Un ejemplo ilustra esta diferencia. Pensemos en una librería *online*. Si manda un mismo correo a todos sus clientes con una lista genérica de novedades, probablemente muchos lo ignoren; pero, si analiza las compras anteriores y descubre que un grupo suele comprar novelas históricas, puede enviarles un correo destacando precisamente los nuevos títulos de ese género. Si otro grupo ha adquirido libros infantiles, puede enviarles una selección de cuentos ilustrados. Este tipo de segmentación no solo aumenta la probabilidad de compra, también transmite la sensación de que la marca conoce a sus clientes y se preocupa por ellos.

La personalización no se limita al contenido del correo, también al momento en que se envía. Hay personas que revisan el correo por la mañana, otras al mediodía, otras por la noche. Existen herramientas que permiten analizar los patrones de apertura y programar los envíos en función de esas rutinas. La automatización hace posible que cada usuario reciba el mensaje en el instante en que es más receptivo. Aquí es donde entra la dimensión tecnológica que potencia el *e–mail marketing*.

La automatización consiste en programar correos que se envían según el comportamiento del usuario. Esto permite acompañar a las personas en su recorrido sin necesidad de intervención manual constante. Por ejemplo, cuando alguien se suscribe a una *newsletter*, puede recibir un correo de bienvenida con información básica sobre la marca. Si después visita una página concreta pero no compra, puede recibir un recordatorio amable con recomendaciones adicionales. Si finalmente realiza una compra, puede recibir un mensaje de agradecimiento y sugerencias de productos relacionados. Esta secuencia, conocida como *workflow*, convierte al correo en una herramienta de acompañamiento personalizado.

La potencia de la automatización se ve en casos concretos. Una escuela *online* puede diseñar un flujo en el que cada estudiante recibe correos diferentes según su progreso. Si completa un módulo, recibe un mensaje de felicitación y una invitación al siguiente nivel. Si se retrasa, recibe un correo de apoyo con recursos extra. De esta manera, el *e–mail* no es solo un canal de promoción, sino también de motivación y fidelización. Una tienda de moda puede enviar correos con descuentos exclusivos a quienes abandonaron un carrito de compra. Un gimnasio puede mandar rutinas personalizadas según los intereses declarados al inscribirse. En cada caso, la automatización convierte al correo en un acompañante cercano y oportuno.

La clave está en no perder de vista la dimensión humana. Un correo automatizado que suena frío o robótico pierde eficacia. El reto es que, aunque se envíen miles de mensajes de manera automática, cada persona lo perciba como un gesto cercano. La redacción importa tanto como la estrategia. Usar un nombre en el saludo, incluir un tono conversacional, añadir detalles que den la sensación de exclusividad, todo contribuye a que el usuario sienta que el mensaje está hecho para él.

En el plano pedagógico, diseñar un ejercicio de *e–mail marketing* puede ser muy revelador. Los estudiantes pueden elegir un producto ficticio y crear una secuencia de tres correos: uno de bienvenida, uno de recordatorio y uno de cierre. Deben pensar en la segmentación, en el tono, en la llamada a la acción y en el diseño visual. Después pueden analizar cuál de los correos sería más efectivo y por qué. Esta práctica muestra que el correo no es un simple texto enviado, sino una construcción estratégica que mezcla creatividad y análisis.

La medición también ocupa un papel central. En el *e–mail marketing* se pueden rastrear indicadores como la tasa de apertura, la tasa de clics, el tiempo que los usuarios pasan leyendo el mensaje y las conversiones derivadas. Estos datos no deben interpretarse como números fríos, sino como señales de comportamiento:

si un correo tiene baja apertura, quizá el asunto no resultó atractivo; si tiene muchas aperturas pero pocos clics, quizá el contenido no fue lo suficientemente relevante; si tiene clics pero no conversiones, quizá la página de destino no estaba optimizada. Cada cifra es una pista que permite mejorar.

Uno de los aprendizajes más importantes es que el *e–mail marketing* no es un canal aislado. Funciona mejor cuando se integra con los demás: una campaña en redes sociales puede invitar a suscribirse a una *newsletter*; una publicación en un blog puede incluir un formulario para descargar un recurso a cambio del correo; un evento *online* puede terminar con una invitación a unirse a la comunidad por *e–mail*. De esta manera, el correo se convierte en el espacio donde confluyen distintos puntos de contacto y se profundiza la relación.

El *e–mail marketing* también tiene un desafío ético. La línea que separa un mensaje útil de un correo molesto es muy delgada. Respetar la privacidad, ofrecer siempre la opción de darse de baja y no abusar de la frecuencia son principios básicos. La confianza se construye mostrando respeto: nadie quiere sentirse perseguido por correos insistentes. De hecho, la mejor estrategia suele ser la de menos es más: enviar solo lo que aporta valor, en el momento adecuado.

El futuro del *e–mail marketing* está marcado por la inteligencia artificial y la personalización avanzada. Los sistemas permiten adaptar cada vez más no solo el contenido, sino también el diseño y el momento de envío en función de los patrones individuales de cada usuario. Esto abre posibilidades inmensas, pero también exige responsabilidad. Si el correo se percibe como una invasión, la confianza se rompe. Si se percibe como un acompañamiento útil, se refuerza el vínculo.

Lo más interesante es que, a pesar de todas las innovaciones tecnológicas, lo que hace que un correo funcione sigue siendo lo mismo de siempre: la capacidad de tocar a una persona en lo que le importa. El mejor asunto, el mejor diseño, la mejor automatización no valen nada si el mensaje no resuena con las necesidades reales del destinatario. En el fondo, el *e–mail marketing* es un recordatorio de que la comunicación efectiva no es cuestión de volumen, sino de conexión.

Después de recorrer este canal íntimo y personal, el camino del *marketing* digital nos lleva inevitablemente a otro espacio clave: la analítica. Porque de nada sirve enviar correos, publicar en redes o invertir en anuncios si no somos capaces de interpretar los datos que generan. La analítica digital es la que transforma la intuición en conocimiento y la que nos permite tomar decisiones informadas. Y ese será precisamente el tema del próximo capítulo.

## Analítica digital y definición de KPI

El *marketing digital* tiene una ventaja que lo diferencia radicalmente de cualquier forma de comunicación anterior: la posibilidad de medir casi todo lo que ocurre. Cada clic, cada visita, cada apertura de correo, cada interacción en redes sociales deja un rastro que puede analizarse. Esta capacidad convierte al entorno digital en un laboratorio inmenso donde las marcas pueden observar, aprender y corregir en tiempo real. Sin embargo, la abundancia de datos también genera un nuevo problema: el riesgo de perderse entre números y gráficas sin saber cuáles son realmente importantes. La analítica digital es el arte de separar lo esencial de lo accesorio, de transformar montañas de información en decisiones claras.

Observar los datos es como mirar a través de una ventana que muestra cómo se comportan las personas. Una tienda física puede intuir qué productos interesan más porque ve a los clientes detenerse frente a ciertos estantes, preguntar por determinados artículos o abandonar otros sin mirarlos. En el mundo digital, esos comportamientos se registran con una precisión que sería imposible *offline*: sabemos cuánto tiempo pasa alguien en una página, en qué punto abandona un formulario, qué dispositivo utiliza, desde qué ciudad se conecta, qué ruta siguió para llegar y qué lo hizo salir. La analítica nos convierte en testigos invisibles del recorrido del usuario, y eso, usado con responsabilidad, abre un poder inmenso.

Lo primero que hay que comprender es que no todos los datos tienen el mismo valor. Una marca puede celebrar tener miles de seguidores en redes sociales, pero si esos seguidores no interactúan ni se convierten en clientes, esa cifra es apenas un espejismo. En cambio, un número más modesto de visitas cualificadas, de usuarios que realmente están interesados en lo que ofrecemos, puede ser mucho más valioso. Aquí entran en juego los KPI, las siglas de *Key Performance Indicators*, que no son otra cosa que los indicadores clave de desempeño. Elegirlos bien es tan importante como formular objetivos SMART: de nada sirve medirlo todo si no sabemos qué queremos lograr.

Un ejemplo lo aclara. Imaginemos una escuela de idiomas que lanza una campaña para promocionar cursos *online*. Podría medir el número de visitas a su web, los seguidores en redes o los clics en los anuncios, pero, si su objetivo es lograr nuevas inscripciones, el KPI central será el número de matriculados. Los demás datos serán útiles, pero secundarios. Lo mismo ocurre con un comercio electrónico: puede tener un tráfico enorme, pero si el KPI definido es la conversión a ventas, el éxito o el fracaso dependerá de cuántos visitantes pasen de mirar a comprar.

La analítica digital exige disciplina y foco. No se trata de coleccionar gráficos, sino de entender historias. Cada número cuenta algo. Una tasa de rebote elevada nos dice que la gente entra y se va rápido, quizá porque la página no responde a lo que esperaba o porque el diseño dificulta la navegación. Un tiempo prolongado en un artículo indica interés genuino, mientras que una caída brusca en la apertura de correos puede señalar que los asuntos dejaron de ser atractivos. Leer datos es, en realidad, aprender a leer comportamientos humanos expresados en cifras.

La elección de KPI depende del objetivo y del canal: en una campaña de SEO pueden ser la posición en buscadores y el tráfico orgánico; en una estrategia de redes sociales, el alcance, las interacciones y la tasa de *engagement*; en *e-mail marketing*, la tasa de apertura, los clics y las conversiones; en el comercio electrónico, la cesta media, la tasa de repetición de compra y el valor del cliente a largo plazo. No hay indicadores universales: cada estrategia requiere su propio tablero de control.

El riesgo está en caer en la tiranía de la métrica vacía: un vídeo puede acumular miles de visualizaciones, pero, si no atrae al público adecuado, ¿qué valor tiene?; una página puede tener un tráfico inmenso por una noticia viral, pero si ese tráfico no genera ventas ni fortalece la marca, ¿realmente cumple el objetivo? La analítica digital nos recuerda que no todo lo que brilla en los gráficos es oro, y que lo importante no es cuántos nos miran, sino qué hacen después de mirarnos.

La medición no debe verse como un fin en sí mismo, sino como un medio para mejorar. Lo valioso no es la cifra aislada, sino la tendencia que muestra y las decisiones que provoca. Si una tienda *online* descubre que la mayoría de abandonos ocurre en el paso del pago, puede simplificar el proceso, añadir métodos más cómodos o mostrar sellos de seguridad más visibles. Si una campaña de redes muestra que los vídeos cortos generan más interacción que las imágenes estáticas, puede priorizar ese formato en adelante. La analítica nos invita a experimentar, a probar y a corregir de manera constante.

Un ejercicio pedagógico interesante es pedir a los estudiantes que definan KPI para un proyecto ficticio y luego diseñen un pequeño *dashboard* con herramientas gratuitas como Google Analytics o incluso hojas de cálculo. Deben justificar por qué eligieron esos indicadores y cómo interpretarían los cambios. Este ejercicio muestra que medir no es sumar cifras, sino pensar estratégicamente qué queremos observar. Otro ejercicio puede consistir en comparar la analítica de dos páginas distintas que compiten en un mismo sector. Observar qué indicadores son más fuertes en una u otra ayuda a comprender las estrategias que hay detrás.

La analítica también nos obliga a reflexionar sobre la ética del dato. Tener tanta información sobre los usuarios puede ser una tentación peligrosa. Saber desde dónde se conectan, qué leen, cuánto tiempo pasan, qué compran, nos da un poder que debe ejercerse con responsabilidad. Usar esos datos para manipular o para invadir la privacidad destruye la confianza. Usarlos para mejorar la experiencia, en cambio, refuerza la relación. La frontera entre ambos usos es delgada, y por eso la transparencia es fundamental. El usuario debe saber qué datos se recogen y con qué propósito. Solo así la analítica se convierte en un puente de confianza y no en un motivo de rechazo.

La irrupción de la inteligencia artificial en la analítica abre nuevas posibilidades. Hoy es posible procesar grandes volúmenes de datos en segundos, identificar patrones ocultos y anticipar comportamientos futuros. Esto permite, por ejemplo, prever qué clientes tienen más probabilidad de abandonar una suscripción y ofrecerles incentivos para quedarse; o detectar qué productos tienen más opciones de convertirse en tendencia y reforzar su promoción. Sin embargo, la sofisticación tecnológica no elimina la necesidad de criterio humano. Al final, alguien tiene que decidir qué hacer con los datos y cómo equilibrar eficacia con respeto.

Ejemplos recientes muestran el impacto de una buena analítica. Hay plataformas de *streaming* como Netflix que basan gran parte de sus decisiones en los datos de visualización: saben qué series se ven más, en qué momento la gente pausa un capítulo, qué personajes generan mayor conversación. Esa información no se queda en gráficos, se traduce en decisiones creativas, en renovaciones de temporadas, en inversión en géneros concretos. Otro caso es el de Amazon, que utiliza la analítica no solo para recomendar productos, sino para anticipar demandas y gestionar inventarios. Detrás de cada sugerencia de compra hay un entramado de KPI que se conectan con la logística global.

Para las pequeñas empresas, la analítica puede parecer un lujo, pero no lo es. Una panadería que observa cuántas personas abren sus correos semanales, qué productos generan más clics y qué horas funcionan mejor en redes sociales ya está utilizando datos para mejorar. No se necesita un laboratorio sofisticado, basta con la curiosidad de observar y la disciplina de ajustar.

La gran lección es que la analítica digital no nos habla de números, nos habla de personas. Nos muestra cómo se relacionan con nuestros mensajes, qué les interesa, qué les aburre, qué les frustra. Si escuchamos esos datos con atención, podemos construir experiencias más humanas, más útiles y más satisfactorias.

En este punto, la pregunta que surge naturalmente es cómo hacer que la experiencia del usuario no se reduzca a cifras en un panel, sino a vivencias concretas que lo hagan sentir cómodo, valorado y comprendido. Porque detrás de cada KPI hay alguien navegando una web, leyendo un correo, abriendo una aplicación. Y ese es el territorio que exploraremos en el próximo capítulo, dedicado a la experiencia de usuario y al diseño digital como factores decisivos en cualquier estrategia de *marketing*.

# Experiencia de usuario y diseño digital

En el mundo digital, la primera impresión no se produce en una conversación cara a cara, ni en el escaparate de una tienda física, ni en un folleto entregado en mano, sino en una pantalla, a veces en cuestión de segundos, cuando un usuario abre una página web, descarga una aplicación o se topa con la interfaz de un servicio *online*. Esa primera impresión, casi siempre inconsciente, determina si alguien decide quedarse, explorar y confiar, o si cierra la pestaña y se marcha sin mirar atrás. La experiencia de usuario, conocida como UX por sus siglas en inglés (*User Experience*), se ha convertido en el corazón del diseño digital, porque es la que convierte las interacciones tecnológicas en vivencias humanas.

La UX no se trata únicamente de estética, aunque el aspecto visual es una de sus caras más visibles. Se trata, sobre todo, de cómo una persona se siente al usar un producto digital. Una aplicación puede ser muy atractiva en cuanto a gráficos, pero, si tarda en cargar, si los botones no son claros, si el proceso de registro es interminable, la frustración anula cualquier atractivo. Por el contrario, una interfaz sencilla, que guía al usuario sin esfuerzo, puede generar confianza aunque el diseño sea modesto. La experiencia importa más que la apariencia, porque, al final, lo que buscamos no es contemplar una página bonita, sino resolver una necesidad concreta sin complicaciones.

La importancia de la experiencia de usuario se entiende mejor si pensamos en ejemplos cotidianos. Imaginemos una web de reservas de vuelos. El usuario quiere encontrar rápidamente una opción clara, comparar precios y confirmar su billete sin sobresaltos. Si la página muestra anuncios invasivos, recargas constantes y menús confusos, la experiencia se convierte en un obstáculo. En cambio, si todo está estructurado de manera intuitiva, con filtros claros, pasos numerados y confirmaciones transparentes, la experiencia se percibe como fluida. El usuario no recuerda los detalles técnicos, recuerda la sensación: «Fue fácil», «Me inspiró confianza». Esa sensación es la que define la relación con la marca.

El diseño digital es, por tanto, una disciplina que combina psicología, comunicación y tecnología. Entender cómo perciben las personas la información, cómo se orientan en una página, cómo reaccionan ante los colores o cómo toman decisiones rápidas es tan importante como saber programar o diseñar gráficos. El diseñador de experiencias es un traductor entre el mundo humano y el mundo digital. Su tarea consiste en convertir lo complejo en sencillo, lo abstracto en concreto y lo distante en cercano.

Una práctica muy extendida en el diseño digital es la elaboración de *user journeys* o recorridos del usuario. Se trata de mapear cada paso que da una persona desde que entra en contacto con la marca hasta que completa una acción. Este mapeo permite detectar puntos de fricción: dónde se pierde la atención, en qué parte surgen dudas, en qué momento alguien abandona el proceso. A partir de ahí se diseñan mejoras para suavizar esos pasos. Es como si un arquitecto observara cómo la gente se mueve en un edificio y descubriera que todos tropiezan en una esquina mal diseñada: el plano se ajusta para facilitar el movimiento natural.

El diseño digital también debe ser inclusivo. No todas las personas navegan de la misma forma. Quienes tienen dificultades visuales, auditivas o motrices necesitan adaptaciones específicas. Las pautas de accesibilidad web establecen criterios para que las páginas sean comprensibles y utilizables por la mayor cantidad de personas posible. Un sitio que ignora estas pautas excluye a una parte significativa de la población, mientras que uno que las aplica no solo cumple con la ética y la normativa, sino que amplía su alcance y refuerza su reputación. La accesibilidad es una forma de hospitalidad digital: abrir la puerta a todos, sin excepción.

Ejemplos actuales muestran cómo la UX puede ser decisiva en el éxito de un proyecto. Plataformas como Spotify destacan no solo por su catálogo musical, sino por la facilidad con la que los usuarios crean listas, descubren canciones y reciben recomendaciones personalizadas. La experiencia es tan intuitiva que se convierte en parte de la rutina diaria de millones de personas. Del mismo modo, hay aplicaciones de banca digital que han transformado un servicio tradicionalmente percibido como frío y complejo en procesos simples y cercanos: transferir dinero, revisar movimientos o pagar recibos ya no requiere largas colas, sino unos segundos en el móvil.

La analítica digital, sobre la que ya hablamos en el capítulo anterior, se cruza directamente con el diseño de experiencias. Observar dónde los usuarios abandonan una página, qué apartados no visitan o qué elementos generan más clics ofrece pistas claras sobre cómo mejorar la interfaz. El diseño no es un acto artístico aislado, sino un proceso iterativo que se alimenta de datos y de observación. Crear un entorno digital implica probar, medir, ajustar y volver a probar, hasta encontrar la forma más natural de interacción.

En el ámbito educativo, un ejercicio práctico consiste en pedir a los estudiantes que analicen una aplicación o página web que usen con frecuencia y describan cómo se sienten al navegarla. Deben identificar momentos de fluidez y momentos de frustración. Después, se les invita a rediseñar uno de esos puntos problemáticos, proponiendo alternativas más claras. Este ejercicio conecta la teoría de la UX con la experiencia cotidiana y demuestra que cualquier persona puede detectar mejoras cuando se pone en la piel del usuario.

El diseño digital también se proyecta hacia el futuro. Las interfaces de voz, la realidad aumentada y la inteligencia artificial ya están transformando la manera en que interactuamos con la tecnología. Pedir información a un asistente virtual, probarse ropa de manera virtual antes de comprarla o recibir recomendaciones personalizadas en tiempo real son ejemplos de cómo la UX se expande más allá de la pantalla. En todos estos casos, la pregunta central sigue siendo la misma: ¿cómo se siente la persona al usarlo? Si la respuesta es confusión, frustración o saturación, la tecnología fracasa, por avanzada que sea.

Lo fascinante de la experiencia de usuario es que, cuando funciona bien, pasa desapercibida. Nadie se detiene a pensar que un botón estaba en el lugar correcto o que un formulario era sencillo, sino que lo damos por hecho y seguimos adelante. La verdadera señal de una buena UX es la invisibilidad: cuando todo fluye, cuando nada estorba, cuando la tecnología se vuelve transparente. Solo cuando algo falla nos damos cuenta de lo importante que es.

Un aspecto ético fundamental es recordar que el diseño puede usarse para manipular. Existen los llamados *dark patterns* o patrones oscuros, que buscan confundir al usuario para que haga algo que no quería, como suscribirse a un servicio, aceptar condiciones poco claras o dificultar la cancelación de un contrato. Estas prácticas generan beneficios a corto plazo, pero destruyen la confianza a largo plazo. Un diseño responsable debe ser transparente, honesto y respetuoso con la autonomía de las personas. La UX, en su mejor versión, no controla, acompaña.

La relación entre experiencia de usuario y *marketing* digital es evidente: una campaña puede atraer miles de clics, pero, si la página de destino genera rechazo, todo ese esfuerzo se pierde; un anuncio puede ser brillante, pero, si el proceso de compra es tedioso, la conversión se esfuma. La UX es el puente que transforma la atención en acción, la curiosidad en confianza y la visita en fidelidad. Por eso no puede tratarse como un detalle estético, sino como un eje estratégico.

Podemos pensar en el diseño digital como una conversación silenciosa entre la marca y el usuario. Cada color, cada tipografía, cada disposición de elementos comunica algo. Si la conversación es clara, el usuario se siente comprendido; si es confusa, se siente perdido. El reto consiste en diseñar esa conversación con empatía, pensando siempre en lo que la persona necesita y no solo en lo que la empresa quiere mostrar.

En este recorrido hemos descubierto que la analítica nos habla con cifras y que la UX nos habla con sensaciones. Ambas se complementan para dar forma a experiencias digitales más humanas. Y ahora, con esa base, nos acercamos a otro terreno donde la interacción se convierte directamente en intercambio económico: el comercio electrónico y los *marketplaces*. Allí, la experiencia de usuario deja de ser un lujo y se convierte en la condición misma de la venta, porque una tienda digital no tiene escaparates físicos, solo tiene pantallas que deben inspirar confianza en cada clic.

## E-commerce y marketplaces

Comprar ya no significa necesariamente entrar en una tienda física, tocar los productos, conversar con un vendedor y pasar por caja, sino que significa, cada vez más, abrir una aplicación en el móvil, desplazarse con el dedo por una galería de imágenes, comparar precios en cuestión de segundos y confirmar un pedido que llegará a casa en pocos días, o incluso en pocas horas. El comercio electrónico o *e–commerce* se ha convertido en uno de los protagonistas indiscutibles de la vida cotidiana, no solo porque facilite las compras, sino porque está transformando la manera en que concebimos el consumo, las relaciones entre empresas y clientes, e incluso la logística global.

Lo primero que hay que entender es que el *e–commerce* no es una moda pasajera, sino un cambio estructural. Los datos lo confirman: el crecimiento de las ventas *online* en la última década ha sido constante y la pandemia de 2020 no hizo más que acelerarlo. Millones de personas que nunca habían comprado por internet se vieron obligadas a hacerlo y lo que al principio fue una solución de emergencia se convirtió en un hábito. Hoy resulta natural pedir la compra semanal desde el sofá, reservar viajes en línea o suscribirse a servicios de *streaming* que sustituyen a la televisión tradicional.

El *e–commerce* no se limita a las grandes multinacionales. Si bien gigantes como Amazon o Alibaba dominan buena parte del mercado, miles de pequeñas y medianas empresas han encontrado en internet un canal para expandirse. Un artesano que fabrica joyas puede vender en todo el mundo gracias a plataformas como Etsy. Una librería independiente puede mantener su actividad a través de pedidos en línea. Una marca de ropa emergente puede llegar a clientes internacionales sin necesidad de abrir tiendas físicas. Esta democratización del comercio es uno de los rasgos más positivos del entorno digital.

Existen distintos modelos de *e–commerce*, cada uno con sus particularidades. El más conocido es el B2C (*business to consumer*), que consiste en que las empresas venden directamente a los consumidores. También está el B2B (*business to business*), centrado en transacciones entre empresas, como la venta de *software* o suministros. El C2C (*consumer to consumer*) es el que se da en plataformas donde particulares venden a otros particulares, como sucede en Wallapop o eBay. Y no podemos olvidar los modelos híbridos, como los suscriptores de servicios que mezclan venta de producto y acceso continuo, caso de Netflix, Spotify o las cajas de suscripción mensual. Cada modelo implica estrategias diferentes, pero todos comparten la necesidad de generar confianza en un entorno sin contacto físico.

La confianza es, de hecho, el elemento central del *e–commerce*. En una tienda física, un cliente puede tocar un producto, probarlo, hablar con el vendedor y salir con él en la mano; en una tienda *online*, ese contacto desaparece. Lo único que el usuario tiene son imágenes, descripciones y reseñas. Por eso la claridad, la transparencia y la seguridad son factores decisivos. Una fotografía borrosa, una descripción incompleta o una política de devoluciones confusa pueden bastar para que el cliente abandone el carrito. En cambio, una página bien diseñada, con testimonios reales y un proceso de compra sencillo, puede generar confianza incluso sin contacto físico.

La experiencia de usuario, que exploramos en el capítulo anterior, se vuelve aquí aún más crucial. Si una web es lenta, si obliga a registrarse con pasos interminables, si no ofrece métodos de pago variados, la probabilidad de abandono aumenta. El usuario digital no tiene paciencia para procesos engorrosos. Quiere rapidez, claridad y facilidad. En este sentido, el *e–commerce* es una prueba constante de empatía: ponerse en el lugar del cliente y facilitarle la vida en cada clic.

El ecosistema del *e–commerce* no se limita a las tiendas propias. Los *marketplaces* son otra pieza fundamental. Se trata de grandes plataformas que funcionan como escaparates colectivos donde muchas empresas venden sus productos. Amazon, Mercado Libre, AliExpress o Rakuten son ejemplos de este modelo. Para los vendedores, estar en un *marketplace* significa aprovechar la visibilidad y la infraestructura de gigantes que ya atraen millones de visitas. Para los consumidores, significa encontrar variedad, comparar opciones y centralizar compras. La gran ventaja es la escala: un producto que en la web de un pequeño fabricante pasaría desapercibido puede alcanzar audiencias globales en cuestión de días.

Sin embargo, los *marketplaces* también plantean dilemas. La competencia dentro de ellos es feroz, los márgenes suelen reducirse por las comisiones y la identidad de marca se diluye porque el usuario percibe más la plataforma que la empresa individual. Además, depender en exceso de un *marketplace* puede convertirse en un riesgo: si hay cambios en las políticas o en los algoritmos pueden hundir las ventas de un día para otro. Por eso muchas empresas combinan la presencia en *marketplaces* con el desarrollo de su propio canal de venta directa, construyendo así una mayor autonomía.

El *e–commerce* también obliga a repensar la logística. Lo que ocurre tras el clic es tan importante como lo que ocurre antes. Un retraso en la entrega, un embalaje deficiente o un servicio posventa ineficaz pueden arruinar la experiencia del cliente y convertirlo en un crítico implacable en redes sociales. Por el contrario, un envío rápido, un empaquetado cuidado y una respuesta ágil en caso de problemas pueden convertir una compra en una experiencia que se recordará. Empresas como Amazon han elevado las expectativas en este terreno al acostumbrar a los usuarios a recibir pedidos en 24 horas. Esto obliga a las demás a mejorar sus procesos logísticos para no quedarse atrás.

La dimensión ética del *e–commerce* tampoco puede pasarse por alto. El consumo digital plantea preguntas sobre sostenibilidad, sobre condiciones laborales en la cadena de producción y sobre el impacto medioambiental del transporte masivo de mercancías. Cada vez son más los consumidores que exigen transparencia en estos aspectos y valoran las marcas que adoptan prácticas responsables. Un *e–commerce* que ofrece envíos en embalajes reciclables, que colabora con productores locales o que compensa su huella de carbono no solo vende productos, también transmite valores.

En la práctica educativa, un ejercicio interesante consiste en pedir a los estudiantes que diseñen una tienda *online* ficticia. Deben definir qué productos ofrecerán, cómo estructurarán la web, qué métodos de pago incluirán y qué políticas de devoluciones aplicarán. También deben decidir si venderán únicamente en su propia página o si se apoyarán en un *marketplace*. Este ejercicio muestra la complejidad del *e–commerce* y obliga a pensar en la experiencia del cliente desde el primer clic hasta la entrega final.

Otra práctica útil es analizar un *marketplace* real, observando cómo se presentan los productos, qué elementos inspiran confianza y qué errores generan desconfianza. Comparar diferentes vendedores dentro de una misma plataforma ayuda a entender cómo, incluso en un entorno estandarizado, la presentación puede marcar la diferencia.

El futuro del *e–commerce* apunta hacia la integración con tecnologías emergentes. La realidad aumentada permitirá probarse ropa de manera virtual antes de comprarla. La inteligencia artificial personalizará las recomendaciones en función del historial de cada usuario. Los pagos se volverán cada vez más invisibles, integrados en aplicaciones que reconocen patrones de consumo. Todo esto refuerza la idea de que el comercio digital no es solo una transacción, sino una experiencia completa.

El *e–commerce* y los *marketplaces* nos muestran que el *marketing* digital no se queda en la visibilidad o en la atracción, sino que llega hasta el momento mismo del intercambio económico. Y ahí cada detalle cuenta. El siguiente paso, entonces, será reflexionar sobre cómo esa presencia digital contribuye a construir una identidad sólida y coherente. Porque más allá de vender productos, las marcas necesitan dejar huella, generar confianza duradera y ser reconocibles en medio del ruido. Esa dimensión, la del *branding* digital, será la que exploraremos en el próximo capítulo.

# *Branding* digital e identidad *online*

Cuando hablamos de una marca no pensamos únicamente en un logotipo, un eslogan o una gama de colores, sino también en una promesa, en una manera de relacionarse, en la huella que deja en nuestra memoria. Esa huella es lo que conocemos como *branding*, y en el terreno digital adquiere una relevancia aún mayor, porque es allí donde la mayoría de las interacciones actuales tienen lugar. Una marca ya no se construye solo con anuncios en televisión o con carteles en las calles, sino en cada publicación de Instagram, en cada reseña en Google, en cada correo que llega a la bandeja de entrada, en cada respuesta que un cliente recibe en un chat. La identidad *online* es el rostro más visible del *branding* contemporáneo.

El *branding* digital se construye con múltiples elementos que, al integrarse, generan una percepción coherente. El logotipo y los colores son la punta del iceberg, pero debajo están la voz de la marca, el tono de sus mensajes, el estilo de sus imágenes, la coherencia en sus interacciones y, sobre todo, los valores que transmite de manera constante. Una marca que dice ser cercana pero responde con frialdad en las redes sociales genera una contradicción que erosiona la confianza. Una que se declara sostenible pero envía sus productos en embalajes excesivos proyecta incoherencia. La identidad digital no es lo que la marca dice de sí misma, es lo que demuestra en cada interacción.

Un ejemplo claro es el de las marcas que han nacido en lo digital y han construido su identidad exclusivamente *online*. Pensemos en Glovo o Cabify: sus colores, sus aplicaciones, su forma de comunicarse en las redes y su propio servicio constituyen un universo coherente. El usuario identifica rápidamente el amarillo de Glovo o el violeta de Cabify y asocia esos colores con una experiencia concreta. Esa asociación es el resultado de un trabajo de *branding* que trasciende lo estético y se convierte en experiencia.

La coherencia es la clave. Un restaurante puede tener una web cuidada, pero, si en redes sociales publica con descuido o responde de manera tardía a las críticas, su *branding* digital se resiente. Por el contrario, un pequeño negocio que cuida el tono de sus mensajes, que muestra su día a día en Instagram con cercanía y que responde con rapidez puede construir una identidad *online* sólida aunque no tenga grandes recursos. La diferencia está en la constancia y en la autenticidad.

El *branding* digital se alimenta de historias. Las marcas ya no pueden limitarse a mostrar productos, necesitan contar relatos que den sentido a lo que ofrecen. Una empresa de calzado puede hablar de materiales y precios, pero lo que realmente la conecta con los consumidores es la historia que hay detrás de cada par de zapatos: quién los fabrica, cómo contribuyen al bienestar, qué valores encarnan. En un mundo saturado de mensajes, son las historias las que destacan y humanizan.

Un ejercicio pedagógico útil consiste en pedir a los estudiantes que definan la identidad digital de una marca ficticia. Deben escoger colores, tipografías, tono de comunicación y, sobre todo, los valores que quieren transmitir. Luego deben diseñar una pequeña campaña de publicaciones en las redes sociales que refleje esa identidad. Este ejercicio muestra que el *branding* no es un detalle cosmético, sino una construcción integral que abarca lo visual, lo verbal y lo actitudinal.

Las redes sociales han amplificado tanto las oportunidades como los riesgos del *branding* digital. Una marca puede construir en meses una comunidad fiel gracias a interacciones cercanas y creativas, pero también puede ver su reputación derrumbarse en horas por una crisis mal gestionada. El *branding* digital no se controla con un manual estático, se construye en la dinámica diaria, en la capacidad de adaptarse sin perder coherencia.

Un caso paradigmático es el de Netflix. Su *branding* digital se apoya en una identidad visual clara, pero sobre todo en un tono de comunicación cercano, irónico y adaptable a cada contexto cultural. Sus publicaciones en las redes no se limitan a anunciar estrenos: dialogan con los usuarios, participan en conversaciones y generan complicidad. Ese tono se ha convertido en parte esencial de su identidad y es un recordatorio de que el *branding* digital vive en las interacciones, no solo en las declaraciones.

La identidad *online* también depende de la experiencia posventa. Una marca que atiende reclamaciones con rapidez y empatía refuerza su *branding* incluso en situaciones difíciles. Por el contrario, una respuesta automática y distante puede arruinar la percepción construida con meses de esfuerzo. La identidad digital no se mide por la publicidad, sino por la coherencia entre lo que se promete y lo que se cumple.

La ética vuelve a aparecer como un eje central. El consumidor digital está cada vez más atento a la coherencia entre discurso y acción. Las marcas que hacen campañas de igualdad pero mantienen estructuras internas discriminatorias, o que hablan de sostenibilidad mientras externalizan procesos contaminantes, son rápidamente señaladas. La identidad *online* no puede basarse en apariencias, porque la transparencia digital expone las contradicciones con rapidez.

Algunos ejemplos recientes. Hay marcas de moda rápida que han intentado sumarse a discursos de sostenibilidad, pero la falta de coherencia en sus prácticas ha generado campañas de boicot. En cambio, empresas pequeñas que muestran transparencia en sus procesos, que visibilizan a sus trabajadores y que comparten sus esfuerzos por reducir la huella ambiental ganan credibilidad aunque no tengan presupuestos millonarios.

El futuro del *branding* digital se perfila cada vez más hacia la personalización. Las marcas ya no construyen una única identidad para todos, sino que adaptan sus mensajes a segmentos específicos sin perder coherencia. Una empresa puede mantener los mismos valores, pero expresarlos de forma distinta a jóvenes universitarios, a profesionales consolidados o a familias. Esta adaptabilidad es una muestra de inteligencia estratégica: se ajusta el tono sin traicionar la esencia.

Lo más importante es entender que la identidad *online* no es opcional. Aunque una empresa decida no invertir en las redes sociales o no tener una web sofisticada, su presencia digital existe igual, porque los usuarios hablan de ella, buscan reseñas, la comparan con otras. El silencio también comunica, y suele transmitir desinterés o desactualización. Cuidar la identidad digital es, por tanto, una cuestión de supervivencia.

Podemos pensar en el *branding* digital como un espejo: refleja quiénes somos como organización, pero también proyecta quién queremos ser. El reto está en mantener esa proyección alineada con la realidad, porque en internet la incoherencia siempre encuentra la manera de salir a la luz.

Después de comprender cómo se construye la identidad y cómo se proyecta en el entorno *online*, el siguiente paso es analizar cómo esa identidad se comunica de manera sistemática a través de campañas digitales integradas. Porque no basta con tener un *branding* definido, hay que ponerlo en acción, coordinar mensajes, elegir canales y crear experiencias que traduzcan esa identidad en interacción. Ese será el terreno que exploraremos en el próximo capítulo.

# Campañas digitales integradas

La comunicación digital se asemeja a una orquesta. Cada canal es como un instrumento con su timbre y su función particular: las redes sociales aportan inmediatez, el correo electrónico ofrece cercanía, el sitio web brinda profundidad, los anuncios pagados amplifican la visibilidad, el contenido audiovisual genera emoción. Una campaña digital integrada es la partitura que organiza esa orquesta, buscando que cada instrumento entre en el momento adecuado y que todos juntos produzcan armonía. Sin esa integración, los canales suenan descoordinados, los mensajes se dispersan y la audiencia recibe una cacofonía en lugar de una melodía convincente.

El concepto de integración parte de una realidad: los usuarios ya no se relacionan con las marcas desde un único punto. Alguien puede descubrir un producto en un anuncio de Instagram, investigarlo en una página web, leer reseñas en Google, recibir un correo de seguimiento y, finalmente, comprarlo a través de un *marketplace*. Si cada uno de esos contactos transmite mensajes distintos, la confianza se resquebraja; en cambio, si la experiencia es coherente, la persona percibe una identidad sólida que la acompaña en todo el recorrido.

Las campañas integradas no buscan uniformidad rígida, sino coherencia flexible. No se trata de repetir exactamente el mismo mensaje en todos los canales, sino de adaptar el relato a cada formato sin perder la esencia. Es como contar una misma historia con distintos lenguajes: en un tuit caben pocas palabras, en un vídeo de YouTube se pueden desplegar narrativas más amplias, en una *newsletter* se puede profundizar en beneficios concretos. Lo importante es que, al unir todas esas piezas, se perciba un mismo hilo conductor.

Un ejemplo actual es el de una campaña de lanzamiento de una película. Los tráilers aparecen en YouTube, los actores participan en retos de TikTok, las críticas se publican en blogs especializados, las promociones llegan por correo a quienes están suscritos, y en Instagram se lanzan concursos con *merchandising*. Cada canal aporta algo distinto, pero todos refuerzan la misma narrativa: que la película es un evento que no hay que perderse. Esa integración multiplica el impacto porque el usuario se encuentra con el mismo mensaje en diferentes entornos, y cada repetición, en un contexto nuevo, fortalece que se recuerde.

En el ámbito empresarial, las campañas integradas permiten optimizar recursos. Invertir en un solo canal puede ser arriesgado porque limita el alcance; en cambio, distribuir la inversión en un ecosistema coordinado amplifica las posibilidades de impacto. Una pequeña empresa que lanza un nuevo producto puede diseñar una campaña donde un blog explique sus beneficios, Instagram muestre su uso en la vida diaria, YouTube publique tutoriales, Facebook genere comunidad y el correo refuerce las ofertas. De esa manera, cada usuario recibe el mensaje en el canal donde se siente más cómodo.

El reto está en la planificación. Una campaña integrada requiere pensar en fases y en objetivos claros. Primero se despierta la atención, luego se fomenta el interés, después se impulsa la decisión y, finalmente, se consolida la fidelización. Cada fase exige un tipo de contenido y un tono distinto. No es lo mismo captar a alguien que nunca ha oído hablar de la marca que acompañar a quien ya está a punto de comprar. La integración permite diseñar recorridos coherentes que acompañan al usuario en todas esas etapas.

Un ejercicio pedagógico revelador consiste en dividir a los estudiantes en grupos y pedirles que diseñen una campaña integrada para un producto ficticio. Cada grupo debe decidir cómo combinar al menos tres canales distintos, qué mensajes transmitir en cada uno y cómo garantizar la coherencia del conjunto. Después, los grupos pueden presentar sus campañas y analizar cómo de integradas están realmente. Esta práctica muestra que la integración no es un eslogan teórico, sino una estrategia que requiere coordinación y creatividad.

La integración también se prueba en momentos de crisis. Cuando una marca pasa por una situación negativa, como una crítica viral o un problema con un producto, es fundamental que todos los canales respondan de manera coherente. No puede haber un comunicado oficial en la web, silencio en redes sociales y respuestas automáticas en el correo. La campaña integrada de gestión de crisis requiere unificar el tono, dar información clara y mostrar coherencia en todas las plataformas. Solo así se recupera la confianza.

La dimensión ética tampoco puede quedar fuera. Una campaña integrada puede usarse para informar y conectar, pero también para manipular o saturar. El exceso de impactos genera rechazo. Si un usuario siente que lo persiguen anuncios en todas partes, la experiencia se vuelve invasiva. La integración, bien entendida, no significa omnipresencia agresiva, sino coherencia respetuosa: estar presente en los momentos adecuados, con los mensajes pertinentes, sin invadir la intimidad.

Los ejemplos de éxito muestran que la integración multiplica el valor. Marcas como Nike logran campañas globales en las que un mismo lema se adapta a vídeos inspiradores, publicaciones en redes con atletas locales, correos personalizados y experiencias interactivas en aplicaciones. El usuario no percibe piezas aisladas, sino una narrativa envolvente que lo invita a formar parte de algo más grande. Esa sensación de formar parte de una comunidad es uno de los resultados más poderosos de una campaña digital integrada.

El futuro apunta a integraciones aún más sofisticadas. La inteligencia artificial permitirá personalizar mensajes en función de los hábitos de cada usuario y coordinar de manera automática la presencia en distintos canales. Pero, incluso con estas tecnologías, el principio seguirá siendo el mismo: lo que da sentido a la integración es la coherencia. No importa cuántas herramientas nuevas surjan, lo que realmente construye confianza es que la marca hable con una sola voz, aunque use muchos lenguajes.

Podemos pensar en la campaña integrada como un tejido. Cada canal es un hilo, con su color y su textura, pero lo que percibe el usuario es el tapiz completo: si los hilos están bien entrelazados, el resultado es sólido y atractivo; si están sueltos o mal coordinados, el tapiz se deshilacha. Ese arte de tejer narrativas coherentes es el corazón de las campañas digitales integradas.

Después de recorrer cómo se diseñan y qué impacto tienen, la pregunta natural es cómo medir su eficacia. Porque toda integración necesita evaluación para saber qué funcionó y qué debe mejorarse. Y ahí entran en juego no solo los indicadores tradicionales, sino también herramientas innovadoras que permiten rastrear la huella completa de una campaña. Esa exploración nos llevará directamente al siguiente capítulo, dedicado a la evaluación y optimización de campañas digitales.

## Evaluación y optimización de campañas digitales

El *marketing* digital, con toda su creatividad, emoción y despliegue de recursos, termina enfrentándose siempre a la misma pregunta: ¿ha funcionado? La evaluación no es un trámite posterior ni una tarea burocrática, es el mecanismo que permite aprender, corregir y crecer. Una campaña puede parecer brillante en su concepción, conmover en su ejecución y generar entusiasmo en el equipo que la diseña, pero, si no consigue resultados acordes a los objetivos, se convierte en un esfuerzo vacío. Evaluar significa mirar más allá de la estética o de la intención y preguntarse qué impacto real tuvo en quienes debía alcanzar.

La evaluación de campañas digitales se basa en datos, pero no se reduce a números fríos. Cada cifra cuenta una historia: un clic representa curiosidad, una apertura de correo refleja interés, un abandono del carrito habla de dudas o frustraciones. La tarea consiste en interpretar esos comportamientos y traducirlos en aprendizajes. Por eso, la evaluación exige tanto sensibilidad como rigor. No basta con recopilar indicadores en un panel, hay que entender qué significan en el contexto de los objetivos planteados.

Un ejemplo ayuda a verlo con claridad. Supongamos que una empresa de cosmética lanza una campaña en redes sociales para promocionar un nuevo producto. Se fija como objetivo aumentar las ventas en un 20 % en tres meses. Durante la campaña, observa que las publicaciones obtienen miles de me gusta y que los vídeos se comparten ampliamente. Sin embargo, al analizar las ventas descubre que el aumento ha sido apenas del 5 %. La conclusión no es que la campaña haya sido un fracaso absoluto, sino que generó notoriedad sin lograr convertir ese interés en compras. La evaluación muestra el desequilibrio y abre la puerta a la optimización: tal vez el mensaje se centró demasiado en la estética del producto y no en sus beneficios, o quizá el proceso de compra *online* era confuso.

Optimizar significa aprender de esos hallazgos y ajustar la estrategia en tiempo real. Lo fascinante del *marketing* digital es que la optimización no tiene que esperar al final de la campaña. A diferencia de los medios tradicionales, donde un anuncio en televisión o un cartel impreso ya no puede corregirse una vez lanzado, en el entorno digital todo es susceptible de mejora inmediata. Si un asunto de correo no logra aperturas, se prueba otro. Si un anuncio en Google no genera clics, se ajusta la segmentación. Si un vídeo no retiene la atención, se experimenta con otra duración o formato. La optimización es el arte de la flexibilidad.

Existen múltiples técnicas para llevar a cabo este proceso. Una de las más conocidas es el *A/B testing*. Consiste en lanzar dos versiones de un mismo elemento —puede ser un anuncio, un correo, una página de aterrizaje— y comparar cuál obtiene mejores resultados. Es como hacer un experimento en laboratorio: se mantiene todo igual excepto un detalle, para comprobar cuál genera mayor impacto. Los resultados no siempre son espectaculares, pero los pequeños ajustes acumulados marcan grandes diferencias a largo plazo. Cambiar el color de un botón, reordenar un formulario o modificar una llamada a la acción puede significar cientos de conversiones más.

La optimización también exige observar al público con empatía. Los números no lo explican todo, detrás de cada comportamiento hay razones subjetivas. Un ejercicio pedagógico interesante consiste en invitar a los estudiantes a simular un panel de métricas de una campaña ficticia y, a partir de los datos, escribir posibles interpretaciones. Por ejemplo, si la tasa de clics es alta pero la conversión es baja, ¿qué podría estar ocurriendo? Tal vez la página de destino no es clara, tal vez el precio resulta disuasivo, tal vez la propuesta de valor no es suficientemente fuerte. Este tipo de análisis enseña a mirar los datos como pistas y no como verdades absolutas.

La evaluación y la optimización también nos obligan a considerar los costes. Una campaña puede ser muy exitosa en términos de alcance y conversión, pero, si el coste por adquisición es demasiado elevado, no es sostenible. La rentabilidad es parte de la evaluación. Un ejemplo concreto: un pequeño negocio puede conseguir clientes a través de anuncios pagados en Facebook, pero, si cada cliente le cuesta más de lo que gasta en su primera compra, la estrategia debe replantearse. En este sentido, la optimización no solo busca más resultados, también mejores resultados en relación con la inversión.

Otro aspecto esencial es la temporalidad. Los resultados de una campaña no siempre son inmediatos. A veces, los beneficios se ven a largo plazo, cuando la notoriedad de marca construida durante meses se traduce en fidelización. La evaluación debe distinguir entre indicadores de corto plazo —como clics, visitas, ventas iniciales— e indicadores de largo plazo —como recurrencia, valor del cliente, reputación digital—. La impaciencia puede llevar a cancelar estrategias que en realidad estaban sembrando frutos que aún no eran visibles.

Los ejemplos más potentes de optimización provienen de empresas que hacen del aprendizaje continuo su filosofía. Google, por ejemplo, prueba constantemente variaciones en sus interfaces, en sus algoritmos y en sus productos. Nada permanece estático. Lo mismo ocurre con plataformas de *streaming* como Netflix, que ajustan sus recomendaciones a partir del comportamiento en tiempo real de millones de usuarios. Cada recomendación que aparece en pantalla es el resultado de una optimización permanente.

Pero, incluso en las empresas más pequeñas, la lógica es la misma. Un restaurante local que envía *newsletters* puede experimentar con distintos asuntos de correo para ver cuál genera más reservas. Una tienda de barrio que invierte en anuncios *online* puede probar distintas audiencias y comprobar cuál responde mejor. La evaluación y la optimización no requieren presupuestos gigantescos, sino la disposición a observar, probar y mejorar.

La dimensión ética vuelve a ser central en este capítulo. Evaluar y optimizar no significa manipular a las personas para que hagan lo que no quieren hacer. Significa comprender sus necesidades y ajustar la propuesta para que encaje mejor con ellas. El riesgo de usar los datos solo para explotar debilidades emocionales está siempre presente. La responsabilidad de los profesionales del *marketing* digital es utilizar la evaluación y la optimización para ofrecer experiencias más claras, más útiles y más respetuosas.

La optimización también tiene un límite: no se puede ajustar todo indefinidamente sin perder la coherencia de la marca. Buscar obsesivamente la tasa de conversión perfecta puede llevar a estrategias oportunistas que traicionan los valores fundamentales. Una campaña no debe medirse únicamente por la cifra de ventas, sino también por el impacto que deja en la percepción de la marca. De poco sirve conseguir conversiones inmediatas si el precio es erosionar la confianza a largo plazo.

En términos pedagógicos, una práctica valiosa consiste en analizar una campaña real y detectar posibles mejoras. Los estudiantes pueden observar un anuncio en redes sociales y proponer variaciones en el texto, en la imagen o en el público objetivo. Luego pueden predecir qué impacto tendría cada cambio y justificarlo. Este tipo de ejercicio muestra que la optimización es, en gran medida, un proceso creativo que requiere ponerse en la piel del usuario.

La evaluación no es un final, es un ciclo. Cada campaña evaluada y optimizada alimenta la siguiente: lo que hoy aprendemos de una *newsletter* lo aplicamos mañana en un anuncio; lo que descubrimos en un test A/B nos inspira en el diseño de una web. De esa manera, el *marketing* digital se convierte en un proceso de mejora continua en el que la experiencia acumulada se transforma en ventaja competitiva.

Después de comprender cómo evaluar y optimizar campañas, el paso siguiente es inevitable: mirar más allá de las fronteras inmediatas y explorar cómo todo esto se integra en una estrategia de expansión. Porque las marcas no se conforman con repetir lo que ya funciona, buscan crecer, abrir nuevos mercados, explorar nuevas plataformas. Y para dar ese salto necesitan haber aprendido a medir y a ajustar. Esa transición, de la optimización puntual a la expansión estratégica, será la que abordaremos en el próximo capítulo.

## Expansión y escalabilidad en *marketing* digital

Una de las mayores aspiraciones de cualquier proyecto es crecer. No basta con lanzar una campaña exitosa o lograr un grupo inicial de clientes fieles: la pregunta que tarde o temprano se impone es cómo ampliar ese alcance, cómo llevar lo que funciona a un nivel mayor, cómo multiplicar el impacto sin perder la esencia. En el entorno digital, esta cuestión se traduce en expansión y escalabilidad. Son dos términos que se utilizan con frecuencia como sinónimos, pero que en realidad describen dimensiones distintas de un mismo proceso. Expandirse significa llegar a más lugares, más públicos, más mercados. Escalar significa hacerlo de forma sostenible, multiplicando resultados sin que los costes crezcan al mismo ritmo.

La expansión digital suele comenzar con la internacionalización. Una empresa que vende en su ciudad se plantea llegar a todo el país. Una que vende en un país busca abrir fronteras hacia otros. Internet hace que esta posibilidad, antes reservada a grandes corporaciones, esté al alcance de negocios medianos e incluso pequeños. El comercio electrónico permite que un artesano en

España venda a clientes en México o en Japón. Pero la expansión no es tan simple como traducir una página web: implica comprender contextos culturales, adaptar mensajes y respetar normativas locales. Una campaña que funciona en un país puede resultar irrelevante o incluso ofensiva en otro. Por eso, la expansión requiere tanto ambición como sensibilidad.

Un ejemplo ilustra bien esta complejidad. Una marca de alimentos saludables que triunfa en Europa decide expandirse a América Latina. Sus mensajes, centrados en la dieta mediterránea, generan interés en algunos sectores, pero también encuentran resistencia en otros, donde los hábitos alimenticios son distintos y los precios se perciben como elevados. La empresa aprende que no basta con trasladar el mismo discurso, necesita adaptar la narrativa, incluir ingredientes locales y ofrecer presentaciones más asequibles. La expansión, en este caso, exige escuchar tanto como comunicar.

La escalabilidad, en cambio, tiene que ver con el modelo de negocio. Un servicio es escalable cuando puede atender a un número creciente de clientes sin que sus costes se disparen en la misma proporción. Pensemos en una academia presencial: si quiere duplicar sus estudiantes, necesita duplicar aulas, profesores y materiales. En cambio, una academia *online* puede multiplicar sus alumnos sin que el coste crezca al mismo ritmo, porque el contenido digital se distribuye de manera ilimitada. Esa es la esencia de la escalabilidad: diseñar modelos que crecen de forma eficiente.

En *marketing* digital, la escalabilidad se logra a través de la automatización, la estandarización de procesos y la capacidad de replicar estrategias en distintos contextos. Un ejemplo claro son las campañas de anuncios en Google o Facebook. Una vez que se encuentra un mensaje y una segmentación que funcionan, se puede aumentar la inversión y replicar la campaña en otras geografías con ajustes mínimos. Lo que antes requería enormes esfuerzos manuales se convierte en un proceso que escala casi automáticamente.

La expansión y la escalabilidad no están exentas de riesgos. Crecer demasiado rápido puede generar problemas de calidad, de atención al cliente o de reputación. Una empresa que no está preparada para atender la demanda internacional puede fracasar por no cumplir las expectativas. De la misma manera, escalar sin control puede llevar a perder la cercanía con el cliente. La obsesión por multiplicar números puede diluir la identidad de la marca y convertirla en una más dentro del mercado. El equilibrio entre crecer y mantener la esencia es uno de los grandes retos.

Un ejercicio pedagógico útil es pedir a los estudiantes que diseñen un plan de expansión para una marca ficticia. Deben elegir un nuevo mercado, identificar los ajustes culturales necesarios y planear cómo mantener la coherencia de la marca. Luego, deben proponer mecanismos de escalabilidad: qué procesos automatizar, qué herramientas tecnológicas utilizar, qué partes del negocio pueden multiplicarse sin perder calidad. Este ejercicio conecta la teoría con la práctica y muestra que crecer no es simplemente aumentar números, sino diseñar un modelo sostenible.

Los ejemplos actuales muestran caminos variados. Empresas como Spotify o Airbnb nacieron en mercados pequeños y se expandieron rápidamente a nivel global gracias a modelos escalables basados en plataformas digitales. Su crecimiento no dependía de abrir oficinas en cada ciudad, sino de ofrecer un servicio digital que se adaptaba a distintas culturas. Al mismo tiempo, tuvieron que aprender a negociar con normativas locales, a traducir su interfaz y a incorporar particularidades de cada mercado. Ese equilibrio entre la eficiencia global y la adaptación local es una de las claves de la expansión exitosa.

La escalabilidad también se observa en los modelos de suscripción. Hay servicios como Netflix o Canva que pueden sumar millones de usuarios nuevos sin que sus costes aumenten en la misma proporción, porque el producto digital ya está creado y la distribución es prácticamente ilimitada. Cada nuevo usuario aporta ingresos adicionales sin que el coste unitario sea significativo. Esa es la lógica que convierte a las plataformas digitales en modelos altamente escalables.

Sin embargo, no todas las empresas tienen que aspirar a crecer sin límites. La expansión también puede ser selectiva. Un negocio puede decidir concentrarse en unos pocos mercados estratégicos en lugar de dispersarse globalmente. La escalabilidad no siempre significa multiplicar indefinidamente, sino crecer de manera inteligente, ajustando recursos y objetivos. El éxito no se mide solo por el tamaño, sino por la sostenibilidad y la coherencia.

La dimensión ética, nuevamente, no puede quedar fuera. La expansión y la escalabilidad plantean preguntas sobre impacto social y medioambiental. ¿Es responsable abrir nuevos mercados si la cadena de suministro no es sostenible? ¿Es ético crecer a costa de precarizar condiciones laborales? Cada vez más, los consumidores y los reguladores exigen que las empresas crezcan con responsabilidad. Una expansión que ignore estas dimensiones puede generar beneficios inmediatos, pero también crisis reputacionales difíciles de revertir.

La optimización, de la que hablamos en el capítulo anterior, se conecta directamente con la expansión. Solo una marca que ha aprendido a ajustar, a escuchar datos y a mejorar procesos puede dar el salto a un nivel mayor sin derrumbarse. La escalabilidad no surge de la nada, surge de la disciplina de corregir y de la capacidad de aprender.

El futuro del *marketing* digital se perfila como un terreno donde las fronteras entre lo local y lo global se desdibujan. Una pequeña empresa puede ser local en su producción y global en su distribución. Una marca puede mantener una identidad coherente en todos los mercados y, al mismo tiempo, hablar el lenguaje particular de cada comunidad. La expansión y la escalabilidad no son destinos finales, sino procesos en permanente construcción.

Al final, crecer no es solo vender más, es generar más impacto, llegar a más personas y hacerlo de manera que el proyecto se sostenga en el tiempo. La verdadera pregunta no es cuánto crecer, sino cómo crecer bien. Y esa pregunta nos lleva, inevitablemente, a considerar el papel de la innovación y la adaptación constante. Porque, en un entorno donde las tecnologías cambian con rapidez, lo que hoy es una ventaja puede volverse obsoleto mañana. Ese será el foco del próximo capítulo, donde exploraremos la innovación como motor del *marketing* digital y como garantía de que la expansión y la escalabilidad no sean un salto vacío, sino un camino con futuro.

## Epílogo. El mapa, el terreno y la marcha

Hay un momento en todo proyecto en el que el plan deja de estar solo en el papel. La estrategia ya no vive en un documento compartido ni en una carpeta llamada «Versión final – de verdad ahora sí», sino en las manos de un equipo que hace y deshace, publica, prueba, corrige y vuelve a intentar. Al cerrar este módulo, lo que tenemos delante es justo eso, un mapa trazado con intención, poblado de objetivos que se pueden mirar sin agachar la vista, con audiencias que respiran como personas y no como segmentos abstractos, con contenidos que valen el tiempo de quien los lee, con motores de búsqueda que no se engañan y con campañas de pago que entran cuando toca, ni antes ni con estridencias. Todo ese mapa, por sí solo, no mueve nada, lo que mueve todo es la marcha.

La marcha se parece a una coreografía en la que nadie baila solo. SEO avanza un paso y, a su compás, el contenido reescribe un párrafo que aclara una duda que nadie había formulado en voz alta, pero que estaba ahí, latiendo en el historial de búsquedas. SEM detecta una curva de interés y ajusta las creatividades antes de que la oportunidad se enfríe. Las redes sociales abren conversación y, en un giro pequeño, transforman un comentario áspero en una oportunidad para mostrar humanidad. El *e–mail* llega a las bandejas correctas, con asuntos que no prometen más de lo que dan, y la automatización hace lo que debe: quitar fricción, no voluntad. La analítica, silenciosa, toma nota, mira tendencias, sugiere experimentos y advierte dónde el proceso pierde aliento. Y la experiencia digital —ese lugar donde al final sucede casi todo— hace que cada clic tenga sentido y no pida permiso para fluir.

En esa marcha, los errores no son interrupciones del viaje, son sus señales. Un anuncio que no convierte como esperábamos, una página que retiene menos de lo previsto, una secuencia de correos que entusiasma en el primer envío y decae en el tercero; todo eso cuenta algo si aprendemos a escucharlo sin prisa ni excusas. El módulo fue una larga conversación sobre cómo escuchar no solo a los gráficos, también a las personas que están detrás de ellos. Cuando alguien abandona un carrito quizá no falta descuento, quizá falta confianza, claridad en la política de devoluciones, una foto honesta de un tejido tal cual es. Cuando una publicación en las redes se llena de reacciones quizá no triunfó la creatividad, quizá tocamos una fibra que merecía más espacio que un *post*. El mapa propone, el terreno corrige y la marcha escogida —la que pone a la gente en el centro— vuelve a ajustar.

Hay un gesto que conviene entrenar y que no aparece en ninguna plantilla: pedir permiso. Pedir permiso para entrar con un anuncio en un momento sensible de la vida de alguien. Pedir permiso para volver a escribir cuando ya dijimos que lo haríamos una vez por semana. Pedir permiso para recordar que tenemos una oferta sin convertirlo en un acoso. Ese permiso no se firma con *checkbox*, se gana con la manera en que hablamos, con lo que decidimos no decir, con la frecuencia que ajustamos cuando la saturación asoma, con la humildad de admitir que aún no es el momento. El *marketing* que queremos practicar no se impone, sino que acompaña.

También ayuda cultivar cierta disciplina doméstica. Antes de lanzar nada, mirar al espejo: ¿la promesa de la *landing* coincide con lo que el producto realmente entrega? ¿El formulario pide lo que de verdad necesitamos o lo que nos vendría bien algún día? ¿El *copy* se entiende a la primera y en voz humana? ¿La imagen que usamos muestra la realidad sin maquillaje innecesario? Si hay dudas, una práctica sencilla lo resuelve: leer en voz alta y observar la cara de quien escucha. Si el gesto se frunce, algún tramo del camino pide ser allanado.

En equipos pequeños, la marcha a veces se confunde con multitarea. Lo urgente quita aire a lo importante, y el calendario aprieta hasta que publicar por publicar parece inevitable. Cuando eso ocurra, es buen momento para volver a esta brújula: *menos, mejor, coherente*. Un buen artículo que responde una pregunta real le gana a cinco piezas apuradas. Una campaña pagada que llega justo a quien la necesita supera diez anuncios amplios que raspan sin calar. Un correo que resuelve un problema vale más que una *newsletter* saturada de novedades. La coherencia no demanda presupuesto infinito: demanda criterio.

El criterio se afila en las orillas. Por ejemplo, en la atención cuando algo se complica. Un pedido que se retrasa, una caída del sitio en la hora menos oportuna, una crítica pública que escaló rápido: no hay plantilla para todo, pero sí un hilo conductor para atravesarlo con dignidad. Decir la verdad. Explicar sin tecnicismos. Proponer una reparación que no humille. Dejar rastro de aprendizaje para que no vuelva a ocurrir. Convertir un tropiezo en una escena de cuidado. Esa escena, si es sincera, tiene un efecto que ningún anuncio puede replicar.

Mientras andamos, no conviene olvidar la parte más silenciosa del *marketing*: lo que decidimos no hacer. No segmentar con atributos que no deberíamos tocar. No retener datos «por si acaso». No inflar métricas para lucir bien en la reunión del lunes. No diseñar microtrampas en formularios o botones que esconden salidas. No empujar a quien dijo «hoy no». Ese conjunto de renuncias, que a veces parecen pequeñas, es el suelo ético sobre el que se sostiene todo lo demás. Y es, paradójicamente, el lugar donde la reputación se fortalece sin alardes.

Habrá días de curvas ascendentes que invitan a brindar antes de tiempo y días de mesetas que exigen paciencia sin dramatismo. En ambos casos, la tarea es la misma: seguir la pista de lo que funciona por razones correctas. Si algo crece porque prometimos lo que aún no podemos dar, la curva miente; si algo se estanca porque elegimos la honestidad a corto plazo, quizá esté preparándose para crecer con raíces. El módulo dejó herramientas para distinguir una cosa de la otra: métricas que miran más allá del clic y del día, lecturas que persiguen el valor de la relación y no solo el volumen del impacto.

Al costado del camino, casi siempre, aparece la tentación de la moda del mes. Una plataforma nueva que promete alcance milagroso, un formato que parece imprescindible porque se volvió tendencia, una funcionalidad con nombre rimbombante que todos parecen adoptar. No hay que cerrarse a nada, pero tampoco olvidar que la estrategia elige la herramienta, no al revés. Si la audiencia a la que servimos no vive en esa tendencia, no hay prisa. Si vive ahí, probamos con método: pequeño, medible, reversible. El entusiasmo es bienvenido; la improvisación, con cautela.

En paralelo, el trabajo de fondo: ordenar el conocimiento acumulado. Lo que aprendimos de un A/B se archiva con contexto, no como un número suelto. Lo que descubrimos sobre una audiencia pasa al *briefing* siguiente. Lo que funcionó en SEO se explica con porqués, no solo con posiciones. Ese archivo vivo, accesible y compartido es lo que convierte la marcha en oficio. Las personas cambian, las plataformas también; la memoria de lo que hemos hecho es lo que nos evita repetir aciertos por azar y errores por costumbre.

Antes de dar el siguiente paso, puede servir un ejercicio breve, casi artesanal: tomar una campaña que haya terminado hace poco y reescribirla como si fuese una carta a una sola persona. No un *pitch*, una carta. Decirle qué intentamos, qué vimos que sí y qué no, qué mejoraremos en la próxima vuelta. Luego, convertir esa carta en tres gestos operativos: un cambio en el flujo de la página que ahorre segundos, una pieza de contenido que responda una duda que nadie supo formular bien, una automatización que llegue cuando conviene y se calle cuando debe. Publicarlo, medir, volver. No hay épica, hay constancia.

El cierre de este módulo no pide fanfarrias, sino algo más simple: recordar que la estrategia que diseñamos tiene sentido si, al otro lado, alguien vive mejor un pequeño fragmento de su día gracias a lo que hicimos. Un proceso menos enredado, una respuesta que llegó cuando hacía falta, un mensaje que iluminó una decisión, una compra que se sintió segura. No estamos optimizando *funnels*, sino afinando encuentros. Y cuando los encuentros están bien hechos, el resto —las gráficas, las curvas, los informes— suele ponerse en su sitio.

Lo que viene a continuación no es más complejo, más concreto. Toca bajar la mirada al calendario y los recursos, elegir herramientas sin dejarnos seducir por la promesa fácil, fijar reglas de juego para trabajar con terceros sin perder la voz y dotar a la operación de una cadencia que resista el día a día. Toca pensar cómo se orquesta el plan cuando entran nuevos productos, cuando la temporada cambia, cuando la conversación pública gira y cuando el presupuesto se estrecha o se estira. Toca institucionalizar aprendizajes sin volverlos dogma y abrir espacio a la innovación sin romper lo que ya funciona.

Al cruzar la página, el mapa se convertirá en agenda y la agenda en rutina. Lejos de restarle brillo, la rutina será el lugar donde la promesa demuestra que sabe durar. Allí, en lo cotidiano, la marca vuelve a ser lo que siempre fue: una forma de cuidar. Y toda la maquinaria del *marketing* —con sus canales, sus métricas, sus pruebas y sus guías— no será más que la herramienta para que ese cuidado encuentre, a su tiempo, a las personas correctas.

Cuando empecemos el siguiente módulo, ese será el punto de partida: organizar la marcha para que el mapa no se quede en una intención hermosa, y para que la estrategia —la tuya, la nuestra— sea un trabajo bien hecho al servicio de vidas reales. Continuamos ahí, donde cada decisión vuelve a elegir entre el ruido y el gesto que acompaña.

# COMMUNITY MANAGEMENT Y RELACIONES PÚBLICAS EN LAS PLATAFORMAS DIGITALES

## Introducción al *community management*

Hablar de *community management* es hablar de una de las profesiones que mejor representan la transformación cultural, social y comunicativa que ha traído consigo el siglo XXI. Durante décadas, la relación entre una marca y su público se desarrollaba en una dirección casi unidireccional: la empresa hablaba, el consumidor escuchaba. Las campañas publicitarias llegaban a través de medios masivos como la televisión, la radio o la prensa, y las personas podían comentar lo visto en su círculo cercano, pero difícilmente sus opiniones llegaban a las propias compañías. Los estudios de mercado y las encuestas trataban de captar una muestra de la percepción del consumidor, pero el control lo tenía la marca, que definía el mensaje y el tono. El público no tenía mecanismos eficaces para hacerse escuchar en tiempo real.

Todo este escenario cambió radicalmente con la expansión de internet y, sobre todo, con el auge de las redes sociales. Hoy en día, cualquier persona tiene la capacidad de convertirse en emisor de mensajes, de influir en otros, de criticar o de recomendar con la misma facilidad con la que comparte una foto o escribe un comentario. La voz del consumidor se amplificó de manera inesperada y las empresas se encontraron ante una realidad inédita: ya no eran ellas las únicas que controlaban la narrativa. La reputación podía verse fortalecida o hundida en cuestión de horas, y no por una gran campaña mediática, sino por la viralización de un simple tuit o de un vídeo grabado con un móvil. En este nuevo contexto, surgió con fuerza la figura del *community manager*, un profesional que encarna el puente entre organizaciones y comunidades digitales.

El *community manager* no es un operador que se limita a programar publicaciones o a responder mensajes. Su función va mucho más allá: debe comprender la identidad de la marca, interpretar sus valores y traducirlos en un lenguaje cercano, atractivo y comprensible para una audiencia diversa. Es narrador de historias, estratega de la conversación, gestor de crisis y observador atento de lo que se dice en los espacios digitales. Su trabajo es híbrido, en la intersección entre comunicación, *marketing*, sociología y psicología social. Se mueve entre la creatividad y el análisis de datos, entre la planificación estratégica y la espontaneidad de la interacción cotidiana.

Lo fascinante de este perfil profesional es su capacidad camaleónica. El *community manager* no habla en nombre propio, sino que asume la voz de una entidad colectiva. En el caso de una marca juvenil, su tono será fresco, arriesgado, cercano a la jerga de internet; en el de una institución académica transmitirá formalidad, credibilidad y autoridad, pero sin perder la capacidad de conectar con el público. Esa habilidad de modular el tono según el contexto y la identidad de la organización lo convierte en un mediador cultural único. Representa un nosotros institucional en un espacio en el que se espera interacción personal.

El trabajo del *community manager* incluye múltiples dimensiones. Una de las más visibles es la gestión de contenidos: diseñar, programar y publicar mensajes en redes sociales. Sin embargo, detrás de cada publicación hay un proceso de planificación detallada. Se elaboran calendarios editoriales, se definen objetivos, se eligen formatos —desde textos breves hasta vídeos, infografías o transmisiones en vivo— y se estudia el mejor momento para publicarlos. Además, se establecen métricas claras que permitan evaluar si el contenido está cumpliendo su función. Nada se deja al azar, aunque desde fuera pueda parecer que las publicaciones surgen de la improvisación.

Otra dimensión clave es la atención al cliente. Para millones de personas, escribir un mensaje en las redes sociales es más fácil que llamar a un número de atención telefónica. Esto convierte al *community manager* en la primera línea de contacto, el rostro visible de la marca en situaciones de consulta, duda o conflicto. La rapidez de respuesta, el tono empleado y la empatía que se transmite pueden determinar si un usuario se convierte en defensor o en detractor de la marca. No basta con resolver el problema técnico: es necesario comunicar respeto, cercanía y profesionalidad.

El análisis de métricas es otra parte fundamental de su trabajo. Cada interacción genera datos: visualizaciones, clics, comentarios, compartidos, tiempo de permanencia. Estos números, correctamente interpretados, ofrecen información valiosa sobre qué motiva a la comunidad, qué despierta entusiasmo, qué provoca rechazo y qué pasa desapercibido. Un aumento repentino de comentarios negativos puede anticipar una crisis reputacional; una publicación inesperadamente viral revela intereses latentes de la audiencia. El *community manager* no debe mirar estas cifras como simples estadísticas, sino como señales que permiten tomar mejores decisiones estratégicas.

La creatividad constante también es parte inseparable de este rol. Las redes sociales viven de la novedad y los formatos cambian con rapidez. Lo que funciona hoy puede volverse irrelevante mañana. Estar atento a las tendencias, a los memes, a los retos virales y a los cambios en los algoritmos es indispensable. Sin embargo, la clave no está en seguir modas sin criterio, sino en integrarlas de manera coherente con la narrativa de la marca. TikTok, por ejemplo, ha mostrado cómo el humor y la creatividad pueden transformar la visibilidad de una marca; pero un uso forzado de estas dinámicas puede generar el efecto contrario, provocando burla en lugar de admiración.

El rol del *community manager* se ha reforzado gracias al auge del *marketing* de influencia. Hoy en día, las marcas no se limitan a comunicar desde sus canales oficiales: colaboran con creadores de contenido que ya tienen comunidades propias. Seleccionar al *influencer* adecuado, coordinar campañas conjuntas y asegurarse de que la colaboración parezca auténtica y no meramente comercial forma parte de las responsabilidades de este perfil. La línea entre autenticidad y oportunismo es delgada, y gestionarla con cuidado resulta decisivo.

No se puede olvidar, además, la dimensión ética. En un entorno donde circulan *fake news*, discursos de odio y campañas de manipulación, el *community manager* debe actuar con responsabilidad. Su objetivo no es únicamente ganar seguidores o *likes*, sino contribuir a un ecosistema comunicativo más sano y confiable. Esto implica cuidar los datos que se comparten, proteger la privacidad de los usuarios y evitar mensajes que puedan fomentar discriminación o violencia. La credibilidad de una marca depende tanto de su creatividad como de su coherencia ética.

En muchos sentidos, el *community manager* es un guardián invisible de la reputación digital. Sus acciones pueden pasar desapercibidas, pero de ellas dependen vínculos de confianza que tardan años en construirse y segundos en perderse. El público no distingue entre un error cometido por una persona detrás de la pantalla y la organización completa: lo que se publica en las redes sociales se interpreta como voz oficial de la marca. Por eso, la formación y la preparación son fundamentales.

Hay ejemplos actuales que muestran cómo este rol puede marcar la diferencia. Netflix ha convertido sus cuentas en las redes sociales en espacios de interacción cultural: más que anunciar estrenos, conversan con el público usando humor, memes y referencias compartidas. Wendy's, en Estados Unidos, es conocida por su gestión en Twitter, con un tono irónico y desafiante que refuerza la personalidad de la marca. Estos casos no surgen de la casualidad, sino de estrategias cuidadosamente planificadas y ejecutadas por profesionales capaces de leer el pulso cultural y responder en tiempo real.

El día a día de un *community manager* combina tareas operativas, estratégicas y creativas. Por la mañana puede revisar métricas, luego responder a clientes molestos, después preparar contenido para la semana, coordinar con diseñadores y cerrar el día participando en una conversación espontánea que se vuelve viral. Esa variedad exige flexibilidad, organización y una fuerte capacidad de adaptación.

En contextos educativos, resulta muy útil proponer dinámicas que permitan experimentar este rol. Diseñar un calendario editorial para una marca ficticia, simular una crisis en redes o redactar mensajes para distintos públicos son ejercicios que permiten comprender la complejidad de la profesión. La enseñanza del *community management* no debe reducirse a la teoría, debe incluir prácticas que muestren lo desafiante y lo apasionante de gestionar comunidades reales.

Al final, el *community management* no trata únicamente de productos o marcas, sino también de personas. Detrás de cada comentario hay un individuo con emociones, expectativas y necesidades. El *community manager* es quien media en ese encuentro, quien traduce la voz de la organización en un lenguaje que respete y escuche al usuario. Su éxito se mide no solo en métricas, sino en confianza construida, en comunidades vivas y en relaciones significativas.

Este recorrido introductorio muestra la relevancia del rol y prepara el terreno para profundizar en su dimensión profesional. En el siguiente capítulo exploraremos con mayor detalle cómo se define el rol del *community manager*, cuáles son sus responsabilidades concretas, qué competencias requiere y de qué manera se ha transformado en una pieza clave del ecosistema digital contemporáneo.

# El rol del *community manager*

El *community manager* es uno de esos perfiles que, en poco más de una década, han pasado de ser percibidos como secundarios a ocupar un lugar central en las estrategias comunicativas de todo tipo de organizaciones. En los primeros años de las redes sociales, muchas empresas consideraban suficiente encargar la gestión de sus cuentas a la persona más joven del equipo, en la creencia ingenua de que saber usar Facebook equivalía a saber comunicar. Esa idea, sostenida más en el voluntarismo que en la planificación, derivó en incontables errores de comunicación: respuestas improvisadas que derivaron en crisis, mensajes poco profesionales que dañaron la imagen corporativa y comunidades digitales que percibieron que la marca no entendía el medio en el que intentaba participar. Con el tiempo, la evidencia se impuso: las redes sociales no son un accesorio menor en la comunicación de las empresas, sino espacios donde se construye reputación, se fortalece comunidad y se generan oportunidades de negocio.

Hoy, el *community manager* ya no es «la persona que publica en redes», sino un profesional que encarna la voz oficial de la organización en los espacios digitales. Su función es mucho más amplia y compleja de lo que se percibe desde fuera. No se trata solo de programar contenidos o responder comentarios, es quien diseña conversaciones, interpreta emociones colectivas, anticipa crisis, analiza interacciones y convierte toda esa información en conocimiento estratégico para la organización. Esa mediación constante entre marca y audiencia requiere tanto competencias técnicas como sensibilidad social y cultural.

Lo primero que debe entenderse es que el *community manager* no habla en nombre propio. Cada tuit, cada comentario en Instagram, cada respuesta en LinkedIn no es leído como la opinión de una persona individual, sino como la declaración oficial de toda una organización. Ese carácter representativo convierte su labor en un ejercicio delicado, porque cualquier error de tono o de interpretación puede amplificarse hasta convertirse en un problema reputacional. Las audiencias digitales son rápidas en detectar inconsistencias, y lo que podría parecer un simple desliz se transforma en una crisis cuando circula a gran escala. El *community manager* vive, por tanto, en una tensión permanente entre la cercanía que exige el canal y la cautela que requiere la reputación corporativa.

Esa tensión se gestiona con criterio, formación y experiencia. No basta con conocer cómo funcionan los algoritmos o cómo programar publicaciones, es necesario tener habilidades sociales, capacidad de empatía, rapidez para interpretar el humor de las conversaciones y, al mismo tiempo, prudencia para no dejarse arrastrar por la velocidad del medio. Quien ocupa este rol debe ser capaz de leer entre líneas, de entender cuándo un comentario refleja una broma inofensiva y cuándo encierra un malestar que podría escalar. En ese sentido, el *community manager* se asemeja a un diplomático que navega en una arena pública en constante movimiento, donde cada palabra puede ser examinada con lupa.

Una de sus funciones más visibles es la gestión operativa de contenidos: crear, programar, publicar y monitorizar mensajes en las redes. Pero lo importante no es solo la acción mecánica de subir un *post*, sino el proceso estratégico que lo sostiene. Antes de cada publicación hay un calendario editorial, unos objetivos de comunicación, un análisis de la audiencia, un estudio del mejor horario para publicar y una previsión de métricas de éxito. Cada elemento forma parte de un engranaje diseñado para maximizar la conexión con la comunidad. Esa planificación no excluye la espontaneidad, porque el entorno digital exige adaptaciones en tiempo real, pero marca una base sólida para evitar improvisaciones que comprometan la identidad de la marca.

El *community manager* también actúa como observador privilegiado de la comunidad. Es quien está en contacto diario con los usuarios, quien escucha sus quejas, detecta sus preguntas recurrentes, identifica los temas que generan entusiasmo y aquellos que provocan rechazo. En esa observación reside gran parte de su valor estratégico: es una especie de radar que capta en tiempo real el pulso del mercado y de la sociedad. Lo que comparte después con el equipo interno no son solo métricas, sino información cualitativa que ayuda a diseñar productos, ajustar servicios o redefinir campañas. De algún modo, se convierte en portavoz de la comunidad hacia dentro de la organización.

Otra parte fundamental de su rol es la atención al cliente digital. En un mundo donde muchos usuarios prefieren escribir un mensaje en Twitter antes que llamar a un *call center*, el *community manager* es la primera línea de contacto. Un cliente que recibe una respuesta rápida, empática y eficaz puede transformar una queja inicial en fidelidad reforzada. Por el contrario, una falta de respuesta o un tono distante puede multiplicar la frustración y convertirse en contenido viral negativo. No se trata solo de resolver un problema técnico, sino de transmitir que la voz del usuario importa y que la organización está dispuesta a escuchar.

La gestión de crisis es quizá una de las responsabilidades más exigentes. En las redes sociales, una frase desafortunada, un fallo de servicio o incluso un comentario malinterpretado pueden desencadenar una avalancha de críticas. Aquí la rapidez es crucial, pero también lo es la prudencia. Actuar con transparencia, reconocer errores y ofrecer soluciones concretas suele ser la estrategia más efectiva. La historia está llena de ejemplos en los que una mala respuesta agravó la crisis: el caso de United Airlines y el pasajero expulsado violentamente de un vuelo en 2017 mostró cómo la comunicación defensiva y poco empática puede multiplicar el daño. En cambio, las empresas que han sabido responder con humildad y claridad han logrado incluso reforzar su reputación.

El *community manager* también es un creador constante. En un entorno saturado de mensajes, la creatividad es lo que permite destacar. Diseñar contenidos atractivos, innovar con formatos, aprovechar memes o tendencias de forma inteligente requiere sensibilidad cultural y un alto grado de ingenio. Pero esa creatividad no puede ser arbitraria, debe estar alineada con la identidad de la marca y con las expectativas de la audiencia. La línea entre el humor fresco y el ridículo es muy delgada, y cruzarla puede tener consecuencias negativas. Por eso, este rol exige un equilibrio entre audacia y prudencia, entre experimentación y coherencia.

El *marketing* de influencia ha ampliado el campo de acción del *community manager*. Ya no se trata solo de publicar desde las cuentas oficiales, sino de gestionar colaboraciones con creadores de contenido que tienen sus propias comunidades fieles.

Identificar qué *influencer* encaja con los valores de la marca, negociar acuerdos y coordinar acciones conjuntas forma parte de las tareas actuales. Aquí el *community manager* actúa como mediador: debe garantizar que la alianza sea auténtica y que no se perciba como un acuerdo artificial. Una elección equivocada de colaborador puede dañar más que beneficiar, porque las audiencias valoran la coherencia entre la marca y quienes la representan.

La profesionalización de este rol implica también competencias analíticas. Las métricas no se limitan a los *likes* o a los comentarios, detrás de cada interacción hay datos que, correctamente interpretados, permiten ajustar estrategias. Analizar el *engagement*, el alcance orgánico, la retención de usuarios o el impacto de una campaña son funciones que requieren familiaridad con herramientas especializadas y capacidad crítica para interpretar números más allá de lo superficial. Un pico de interacciones puede parecer un éxito, pero, si esas interacciones provienen de críticas negativas, el análisis debe ser distinto.

En este punto, es importante destacar la dimensión ética del trabajo. El *community manager* gestiona no solo mensajes, sino también emociones y percepciones colectivas. En un entorno en el que circulan rumores, discursos de odio o noticias falsas, su responsabilidad es contribuir a un ecosistema más sano. Respetar la privacidad, evitar la manipulación y representar a la marca con honestidad son principios irrenunciables. Una reputación puede construirse durante años y perderse en minutos si se sacrifica la coherencia ética en busca de resultados inmediatos.

Hay ejemplos concretos que muestran cómo este rol puede marcar la diferencia. Las cuentas de Netflix en Twitter o Instagram no solo informan, sino que conversan, responden con humor, crean complicidad cultural y convierten a la marca en parte de la vida cotidiana de los usuarios. Wendy's, en Estados Unidos, ha transformado su gestión en las redes en un espectáculo que muchos siguen no por los productos, sino por el ingenio de sus respuestas. Estos casos ilustran cómo la voz de un *community manager* puede moldear la percepción de millones de personas. La resiliencia emocional es otra competencia clave. Quien gestiona comunidades digitales se expone a críticas constantes, a *trolls*, a comentarios ofensivos o a quejas injustas. Mantener la calma, responder con profesionalismo y no dejarse arrastrar por la hostilidad requiere fortaleza psicológica. La empatía no significa aceptar abusos, pero sí mantener un tono respetuoso incluso en contextos difíciles. Este aspecto del rol se entrena con experiencia y con apoyo de equipos, porque la carga emocional de la interacción digital no debe subestimarse.

El *community manager* del presente y del futuro es, en definitiva, un profesional integral. Combina habilidades técnicas, creatividad narrativa, competencias sociales y criterio ético. No es un simple gestor de redes, sino un estratega de comunidades digitales. Representa la voz oficial de la marca, pero también es oído atento de lo que la comunidad dice. Analiza, planifica, crea, responde, mide y aprende de manera continua. Su éxito no se mide solo en interacciones, sino en la calidad de las relaciones que logra construir y en la confianza que sostiene a lo largo del tiempo.

Este papel, que ya es esencial, seguirá evolucionando. La automatización y la inteligencia artificial podrán hacerse cargo de tareas rutinarias como programar publicaciones o responder preguntas frecuentes, pero la sensibilidad cultural, la empatía y la capacidad de crear narrativas significativas seguirán siendo humanas. Por eso, lejos de desaparecer, este rol se transformará en uno cada vez más estratégico.

Y para comprender la magnitud de esa transformación necesitamos ampliar la mirada más allá de la figura individual del *community manager*. No basta con entender qué hace o cómo lo hace, también es fundamental reconocer el ecosistema en el que se mueve, identificar a los distintos actores que condicionan la conversación digital y mapear sus roles y sus influencias. Ese será nuestro siguiente paso, adentrarnos en la identificación de los *players* que conforman el entramado del ecosistema digital.

## Identificación de *players* en el ecosistema digital

El ecosistema digital se asemeja a una ciudad en constante movimiento donde conviven distintos actores que interactúan, se influyen y se necesitan mutuamente. Para cualquier organización que quiera desenvolverse con eficacia en este entorno, identificar a esos *players* es una tarea estratégica: conocer quiénes participan, qué papel cumplen, qué intereses los mueven y cómo pueden colaborar o entrar en tensión con la marca. El *community manager*, en su rol de observador y mediador, necesita entender este entramado como si fuese un mapa vivo en el que los distintos nodos se conectan de múltiples maneras.

Uno de los primeros actores son las audiencias mismas. No se trata de un público abstracto, sino de personas concretas con motivaciones, emociones, hábitos y expectativas. Cada usuario que comenta, comparte o critica forma parte activa del ecosistema. En realidad, las audiencias ya no son solo receptoras de mensajes, sino que también producen contenidos, crean memes, generan tendencias y, a menudo, son capaces de marcar la agenda digital más que las propias marcas. Un tuit ingenioso de un usuario desconocido puede convertirse en viral en cuestión de horas, condicionando la conversación de miles de personas y obligando a las empresas a reaccionar. En este sentido, el público no es pasivo, sino coproductor del espacio digital.

A la par de las audiencias están los líderes de opinión y los *influencers*, actores con gran capacidad para amplificar mensajes. No se trata únicamente de celebridades con millones de seguidores, sino también de *microinfluencers* que, con comunidades más pequeñas, generan vínculos mucho más cercanos y auténticos. Estos perfiles son decisivos porque su credibilidad radica en la confianza que han construido con sus audiencias. Una recomendación de un creador de contenido local puede ser más efectiva que una campaña masiva en televisión, precisamente porque se percibe como genuina. El *community manager* debe identificar qué voces tienen peso en el nicho de su marca y explorar vías de colaboración que resulten coherentes.

En el ecosistema digital también juegan un papel crucial los medios de comunicación *online*. Aunque han perdido parte del monopolio informativo que tenían en la era analógica, continúan siendo actores que validan y difunden narrativas. Muchos usuarios siguen confiando en portales de noticias para informarse y, a menudo, lo que aparece publicado en ellos se replica en redes y blogs. Para las marcas, la relación con los medios sigue siendo un elemento estratégico: una nota de prensa bien trabajada o una entrevista en un medio especializado puede tener un efecto multiplicador en la percepción de la comunidad digital.

Las plataformas tecnológicas son otro *player* imprescindible. Meta, Google, TikTok, X (antes Twitter), LinkedIn y otras plataformas son, en cierto sentido, los dueños de la infraestructura donde se produce la interacción. Sus algoritmos determinan qué mensajes se ven y cuáles se pierden en el ruido. Sus políticas de uso regulan qué se puede publicar y qué no. Sus actualizaciones técnicas obligan a las marcas a adaptarse continuamente. Un cambio en el algoritmo de Instagram puede reducir drásticamente el alcance orgánico de una cuenta, obligando a replantear toda la estrategia de contenidos. Por eso, entender el papel de estas plataformas es esencial: no son neutrales, sino actores con poder de decisión que afectan de forma directa a la visibilidad de cada comunidad.

Otro grupo fundamental son los competidores. El ecosistema digital no es un espacio aislado, sino un terreno compartido por múltiples marcas que buscan la atención de los mismos públicos. Observar lo que hacen los competidores no es un ejercicio de imitación, sino una forma de aprender qué estrategias funcionan, qué errores evitar y dónde hay oportunidades no explotadas. A veces la competencia directa es evidente, como dos marcas de ropa que apuntan al mismo segmento, pero en otras ocasiones puede venir de espacios inesperados: una *app* de entretenimiento compite por el mismo tiempo de atención que una plataforma de educación *online*. En el ecosistema digital, la competencia no siempre se mide en términos de producto, sino de minutos de atención del usuario.

Las comunidades digitales organizadas son otro actor con peso creciente. Pueden ser foros de fans, grupos en Facebook, colectivos en Discord o movimientos en Reddit. Estas comunidades tienen dinámicas propias, generan contenido colectivo y a menudo ejercen presión sobre las marcas. Un ejemplo notorio fue el movimiento de jugadores que se organizó para criticar los cambios en videojuegos como *Battlefront II* o *Diablo Immortal*, lo que obligó a las empresas a rectificar decisiones de monetización. Identificar la existencia de estas comunidades es vital para anticipar apoyos o resistencias, porque su capacidad de coordinarse les da una fuerza mucho mayor que la suma de individuos aislados.

En paralelo, los organismos reguladores y las instituciones públicas forman parte del ecosistema, aunque no estén presentes en las interacciones cotidianas. Sus normativas y marcos legales condicionan la actividad digital, desde las regulaciones sobre protección de datos (como el RGPD en Europa) hasta las leyes sobre publicidad dirigida a menores. Las marcas deben considerar este entorno regulatorio como un *player* en sí mismo, porque ignorarlo puede traer consecuencias legales y reputacionales. El *community manager* no diseña leyes, pero necesita tener conciencia de los límites y obligaciones que estas establecen.

Un *player* a menudo subestimado son los propios empleados de la organización. En la era digital, los trabajadores también son emisores de mensajes. Un comentario positivo de un empleado sobre su experiencia en la empresa puede reforzar la reputación corporativa, mientras que una crítica negativa puede volverse viral y generar un impacto mucho mayor del esperado. Por eso, las políticas internas de comunicación y la cultura corporativa se convierten en factores que trascienden lo privado para hacerse públicos. El *community manager* debe fomentar la coherencia entre el discurso oficial de la marca y la experiencia real de quienes trabajan en ella.

Las agencias de comunicación y *marketing*, así como los consultores externos, también son *players* importantes en este entramado. Muchas organizaciones delegan en ellos parte de la gestión de sus redes, campañas publicitarias o relaciones públicas. Estos actores aportan experiencia, creatividad y recursos que complementan la labor interna, pero también generan dependencias. La relación entre la marca y sus proveedores externos requiere confianza, alineación de objetivos y una comunicación constante para evitar contradicciones en los mensajes.

Finalmente, no se puede olvidar el papel de la sociedad civil organizada: las oenegés, los colectivos ciudadanos, las asociaciones de consumidores. Estos actores pueden convertirse en aliados estratégicos o en críticos acérrimos, dependiendo de cómo perciban la coherencia de la marca con valores como la sostenibilidad, la diversidad o la responsabilidad social. En un contexto en el que los consumidores son cada vez más conscientes de los impactos sociales y ambientales de sus decisiones de compra, estas organizaciones tienen un peso creciente en la conversación digital.

Identificar todos estos *players* no significa simplemente hacer una lista estática. El ecosistema digital cambia constantemente: surgen nuevas plataformas, emergen *influencers*, se organizan comunidades y cambian las regulaciones. El mapa debe actualizarse de forma continua, con herramientas de escucha activa, análisis de tendencias y observación cultural. La mirada del *community manager* debe ser panorámica, pero también detallada, capaz de ver tanto las grandes dinámicas como las microinteracciones.

La clave está en entender que ningún *player* actúa de manera aislada, todos interactúan: los *influencers* dependen de las plataformas, los usuarios dialogan con los medios, los competidores imitan tácticas, las comunidades presionan a las marcas y los reguladores ajustan las reglas en función de los conflictos que emergen. Es un ecosistema en el sentido más literal de la palabra: un sistema vivo en el que las acciones de cada parte afectan al equilibrio general.

Para una organización, este reconocimiento implica estas preguntas estratégicas: ¿con quién aliarse?, ¿a quién escuchar?, ¿de quién aprender?, ¿frente a quién diferenciarse? Las respuestas no son universales, dependen de la identidad de la marca, de sus valores, de su sector y de su relación histórica con la comunidad. Un banco, una ONG, una marca de moda o una *startup* tecnológica se moverán de manera distinta, porque su ecosistema tendrá *players* con pesos relativos diferentes.

La identificación de estos actores no es un ejercicio meramente descriptivo, sino el primer paso para construir propuestas de valor sólidas. Una marca solo puede diseñar una promesa convincente si sabe a quién se dirige, con quién compite, qué voces la validan y qué comunidades pueden apoyarla o cuestionarla. Por eso, tras mapear el ecosistema, el siguiente desafío consiste en dar forma a esa promesa: elaborar propuestas de valor que conecten de manera auténtica con las expectativas de la audiencia y que diferencien a la marca en un mercado saturado. Ese será el camino que abordaremos en el próximo capítulo.

## Elaboración de propuestas de valor

Cuando una marca, organización o institución decide entrar en el espacio digital, suele enfrentarse a una pregunta crucial que condiciona todo lo que vendrá después: ¿qué tiene realmente para ofrecerle a la gente que merezca su atención? En un entorno saturado de mensajes, anuncios, estímulos y promesas, no basta con estar presente. La clave está en diseñar una propuesta de valor clara, relevante y auténtica que sea capaz de resonar con las necesidades, deseos y aspiraciones de un público específico. La propuesta de valor no es un eslogan publicitario ni un conjunto de beneficios enumerados en un folleto, sino el corazón de la relación entre la marca y las personas, la razón por la que alguien elige dedicar su tiempo, su confianza y, eventualmente, su dinero a esa organización y no a otra.

La noción de propuesta de valor se ha transformado profundamente en la era digital. Durante décadas, las marcas se apoyaban en ventajas tangibles y diferenciales funcionales: precio más bajo, mayor durabilidad, mejor tecnología. Hoy esas diferencias siguen existiendo, pero rara vez resultan suficientes. Lo que hace que un usuario conecte con una marca va mucho más allá de lo que recibe en términos utilitarios; tiene que ver con cómo esa marca le hace sentir, con qué identidad refuerza, con qué causas se alinea y qué historia conjunta es capaz de construir con sus comunidades. En otras palabras, la propuesta de valor se ha desplazado del terreno estrictamente racional al terreno híbrido donde conviven la funcionalidad, la emoción y el sentido cultural.

Un ejemplo que ilustra esta transición es el de Apple. Durante años, su propuesta de valor no se limitó a vender ordenadores o teléfonos más rápidos, sino a transmitir una promesa de creatividad, innovación y diferenciación personal. El célebre «*Think Different*» no hablaba de procesadores ni de memoria RAM, sino de un estilo de vida asociado a la creatividad y a la rebeldía frente a lo establecido. Esa narrativa sigue vigente en sus productos actuales, donde el precio elevado se justifica no solo por las prestaciones técnicas, sino por la pertenencia a un universo simbólico que conecta con millones de usuarios en todo el mundo. Aquí vemos cómo la propuesta de valor no se reduce a un listado de características, sino que integra una experiencia identitaria.

Otro caso contemporáneo es el de Patagonia, la marca de ropa *outdoor*. Su propuesta de valor se centra en el compromiso medioambiental y en la sostenibilidad. No solo vende chaquetas o mochilas, sino una visión del mundo en la que el consumo debe ser responsable y respetuoso con el planeta. Sus campañas, en ocasiones, llegan incluso a animar a no comprar si no es necesario. Este enfoque, que podría parecer contradictorio desde una lógica puramente comercial, ha conseguido generar un vínculo emocional y ético con consumidores, que valoran más la coherencia y la autenticidad que la agresividad de ventas. Patagonia demuestra que la propuesta de valor no se define únicamente desde lo que se ofrece, sino también desde lo que se decide no hacer.

Diseñar una propuesta de valor implica un ejercicio de escucha atenta y de autoconocimiento: por un lado, es necesario comprender profundamente al público (cuáles son sus necesidades explícitas, cuáles sus expectativas implícitas y qué emociones marcan sus decisiones); por otro lado, la marca debe conocerse a sí misma con honestidad (cuáles son sus fortalezas, qué puede prometer sin caer en exageraciones, qué propósito la guía más allá de los beneficios económicos). El cruce entre estos dos elementos —comprensión del público y autenticidad de la marca— es lo que da forma a una propuesta sólida. Cuando falta uno de los dos, el resultado se tambalea: una marca que conoce bien a su público pero no tiene nada genuino que ofrecer cae en la imitación; una marca con un propósito fuerte pero desconectada de su audiencia se vuelve irrelevante.

En este sentido, la metodología del *Value Proposition Canvas* ha cobrado gran relevancia en entornos empresariales y educativos. Este enfoque plantea un mapa dividido en dos bloques principales: el perfil del cliente y la propuesta de valor. En el perfil del cliente se identifican los *trabajos* que las personas buscan resolver (ya sean funcionales, emocionales o sociales), los *dolores* que experimentan al intentar resolverlos y las *ganancias* que esperan obtener. En paralelo, la propuesta de valor se construye con productos o servicios, aliviadores de esos dolores y generadores de esas ganancias. La clave es lograr un encaje entre ambos lados del lienzo. Si el público busca simplificar su vida y la marca le ofrece complejidad, el desajuste es evidente. Si, en cambio, el producto elimina fricciones y aporta beneficios concretos, la propuesta gana fuerza y relevancia.

Un ejercicio formativo útil consiste en pedir a los estudiantes que construyan un *Value Proposition Canvas* para una marca ficticia. Supongamos que deben diseñar la propuesta de valor de una aplicación móvil de recetas saludables. Primero identificarán qué busca el público: ahorrar tiempo, mejorar su alimentación, aprender a cocinar platos sencillos, sentirse bien físicamente. Después, analizarán los dolores: falta de tiempo, dificultad para encontrar ingredientes, desconocimiento culinario, aburrimiento con las mismas recetas. Finalmente, se plantearán las ganancias: más energía, variedad, satisfacción personal, reconocimiento social por llevar un estilo de vida saludable. Con esos elementos, la propuesta de valor de la *app* puede articularse de manera clara: «Recetas rápidas, accesibles y nutritivas que se adaptan a tu ritmo de vida y te ayudan a cuidar tu bienestar». De este modo, se entrena la capacidad de conectar necesidades reales con promesas coherentes.

La construcción de una propuesta de valor no es solo conceptual, también tiene una dimensión procedimental y actitudinal: procedimental porque exige herramientas de análisis, investigación de mercado, observación de tendencias y prototipado de soluciones; actitudinal porque requiere empatía, sensibilidad cultural y compromiso ético. Una marca puede diseñar un producto técnicamente perfecto, pero, si no transmite respeto por sus clientes o si utiliza tácticas manipuladoras, su propuesta se verá debilitada. En cambio, cuando hay coherencia entre lo que se dice, lo que se ofrece y lo que se hace, la propuesta gana credibilidad y se convierte en un activo de largo plazo.

En la práctica digital, la propuesta de valor se expresa a través de múltiples puntos de contacto: la página de inicio de una web, el eslogan en un anuncio, la descripción de una *app*, la narrativa en las redes sociales, incluso el tono en la atención al cliente. Cada interacción debe reforzar la misma promesa central. Un error frecuente es dispersarse y enviar mensajes contradictorios que confunden al público. Por ejemplo, si una empresa de *software* promete simplicidad pero su página de registro está llena de pasos innecesarios, la contradicción erosiona la propuesta. La consistencia es, por tanto, un principio fundamental: no se trata de repetir siempre las mismas palabras, sino de sostener la misma esencia en todas las expresiones.

Un caso ilustrativo lo encontramos en Airbnb. Su propuesta de valor se resume en «*Belong anywhere*» (pertenecer a cualquier lugar). Esa idea central se refleja en los textos de la plataforma, en las campañas publicitarias, en las experiencias ofrecidas y en el diseño mismo de la aplicación. No es una frase vacía, sino un hilo conductor que da coherencia a la relación con los usuarios. Cuando alguien reserva un alojamiento a través de Airbnb, no solo obtiene un espacio físico, sino que accede a la promesa de sentirse en casa en cualquier parte del mundo. Esa coherencia narrativa y funcional convierte la propuesta en una experiencia integral.

Ahora bien, construir una propuesta de valor sólida no significa que sea inmutable; al contrario, requiere revisión y adaptación constante. Los públicos cambian, las tendencias evolucionan, las tecnologías transforman expectativas. Una propuesta que ayer era innovadora puede volverse obsoleta si no se actualiza. Pensemos en Nokia, cuya propuesta de valor basada en la durabilidad y confiabilidad de sus móviles se desmoronó cuando el mercado giró hacia la conectividad inteligente. La incapacidad de redefinir su promesa en el nuevo contexto la relegó del liderazgo a la marginalidad en pocos años. Por eso, uno de los aprendizajes más importantes es que la propuesta de valor debe ser dinámica y flexible, abierta a evolucionar sin perder su autenticidad.

En la educación de futuros comunicadores y gestores digitales, resulta fundamental entrenar esta capacidad de adaptación. Una dinámica interesante consiste en trabajar con escenarios hipotéticos de cambio. Por ejemplo, plantear que una marca de café con una propuesta de valor centrada en la experiencia física de sus locales debe migrar forzosamente a lo digital por una crisis sanitaria. ¿Cómo redefinir su promesa en un entorno donde ya no puede ofrecer el ambiente de las cafeterías? Quizá el nuevo énfasis esté en la calidad del grano, en la personalización del pedido o en la conexión comunitaria a través de talleres *online*. Este tipo de ejercicios ayuda a comprender que la propuesta de valor no es un texto fijo, sino una brújula que orienta la acción en distintos contextos.

La dimensión ética vuelve a aparecer como un elemento decisivo. Una propuesta de valor que se basa en engaños, exageraciones o promesas imposibles puede tener un éxito efímero, pero terminará dañando la reputación de la marca. Los consumidores digitales, expuestos a múltiples fuentes de información, detectan rápidamente las incoherencias. La confianza, una vez perdida, es difícil de recuperar. Por eso, la autenticidad no debe entenderse como un adorno, sino como el cimiento sobre el cual se edifica cualquier promesa. Hay marcas que han cometido errores en este terreno, como Volkswagen con el escándalo de emisiones. Estas marcas muestran cómo una contradicción entre discurso y práctica puede destruir en meses lo que costó décadas construir.

En contraste, existen ejemplos de propuestas de valor que han sabido sostenerse y fortalecerse gracias a la coherencia ética. Ben & Jerry's, la marca de helados, ha logrado combinar placer gastronómico con activismo social y medioambiental. Su propuesta de valor no se limita a «helados sabrosos», sino que incluye un compromiso con causas como la justicia climática o la equidad racial. Aunque algunas personas critiquen esta mezcla de negocio y activismo, la coherencia con la historia de la empresa y la transparencia en sus acciones refuerzan la credibilidad de su propuesta. No es casualidad que cuente con una comunidad leal que la respalda incluso en contextos de controversia.

En el plano actitudinal, trabajar con propuestas de valor supone cultivar la empatía. Para diseñar algo que conecte no basta con proyectar lo que la marca quiere decir, es necesario también ponerse en el lugar del público y comprender qué le importa de verdad. Una práctica sencilla en el aula consiste en pedir a los estudiantes que elijan una marca que les guste y que respondan a la pregunta: «¿Qué es lo que realmente recibo de esta marca más allá del producto?». Las respuestas suelen ir hacia experiencias, emociones o símbolos identitarios: confianza, inspiración, seguridad, diversión. Ese ejercicio ayuda a entender que la propuesta de valor es menos evidente de lo que parece y que, en muchos casos, opera en un nivel simbólico.

En la era de la hiperpersonalización, la propuesta de valor se enfrenta a un reto adicional: ya no se dirige a un público masivo indiferenciado, sino a múltiples segmentos que esperan un trato específico. Esto obliga a diseñar propuestas flexibles que puedan adaptarse a diferentes perfiles sin perder coherencia central. Netflix, por ejemplo, sostiene su propuesta de valor en «entretener con contenidos relevantes para cada usuario». Esa promesa se concreta en recomendaciones personalizadas, catálogos que varían por región y producciones locales que refuerzan la identificación. Así, la propuesta general se traduce en múltiples experiencias particulares que refuerzan la percepción de cercanía.

La construcción de propuestas de valor también tiene una dimensión procedimental que conecta directamente con la innovación. El uso de la inteligencia artificial, el *big data* y el análisis predictivo permite identificar patrones de consumo y anticipar expectativas. Hay marcas como Amazon que ajustan su propuesta constantemente en función de los datos de compra, generando una sensación de que saben lo que el cliente necesita incluso antes de que lo pida. Este nivel de personalización redefine el concepto de valor: ya no se trata solo de qué se ofrece, sino de cómo y en qué momento.

En la práctica, sin embargo, no todas las organizaciones cuentan con recursos para desplegar tecnologías avanzadas. Por eso es importante recordar que una buena propuesta de valor puede construirse también desde lo sencillo. Un restaurante local que decide apostar por ingredientes frescos y trato personalizado está ofreciendo una propuesta tan valiosa como la de una multinacional, siempre que sea coherente y relevante para su público. En el fondo, lo decisivo no es la escala de la operación, sino la claridad y autenticidad de la promesa.

A medida que profundizamos en este asunto se vuelve evidente que la propuesta de valor no es un elemento accesorio de la estrategia digital, sino el núcleo alrededor del cual se organizan las demás piezas: la generación de comunidad, la comunicación persuasiva, el *engagement*, la conversión. Sin una propuesta clara, todo lo demás se diluye en acciones desconectadas. Por eso este capítulo funciona como un punto de inflexión en el recorrido del módulo: hemos pasado de entender qué es el *community management* y quiénes son los jugadores del ecosistema a plantearnos qué es lo que realmente tenemos para ofrecer en ese entorno.

El siguiente paso será explorar cómo esa propuesta se convierte en algo vivo gracias a la construcción de comunidades digitales. Porque una promesa, por sólida que sea, necesita un espacio donde pueda ponerse en práctica, compartirse, discutirse y reforzarse colectivamente. Y ese espacio no es otro que la comunidad, donde las palabras se transforman en vínculos y las marcas, en experiencias compartidas.

## Generación de comunidad

Cuando se habla de la presencia digital de una marca a menudo se piensa en términos de seguidores, número de me gusta o volumen de visitas. Sin embargo, esos indicadores por sí solos no reflejan la verdadera fuerza que puede tener una organización en el ecosistema digital. Lo que de verdad marca la diferencia no es cuántas personas siguen una página, sino cuántas de ellas forman parte de una comunidad que siente que pertenece a algo mayor, que se identifica con una narrativa y que se involucra de manera activa en la vida de la marca. Generar comunidad es mucho más que acumular audiencias: es construir vínculos que se sostienen en el tiempo, que se alimentan de interacciones significativas y que crean un espacio compartido de confianza, conversación y colaboración.

En el pasado, el concepto de comunidad estaba asociado a la cercanía física. Las comunidades eran barrios, pueblos, asociaciones locales. Con la digitalización, ese concepto se expandió para abarcar espacios virtuales donde las fronteras geográficas se diluyen. Hoy, una persona en Madrid puede sentirse parte de la misma comunidad que alguien en Buenos Aires, Londres o Ciudad de México gracias a un foro, un grupo de Facebook, un servidor de Discord o una plataforma de *streaming*. La tecnología ha hecho posible que la comunidad ya no dependa del espacio físico, sino de los intereses, valores y experiencias compartidas. Esa transformación es clave para entender por qué el trabajo de un *community manager* no se limita a publicar contenidos: su misión principal es sostener y dinamizar comunidades.

La comunidad digital se alimenta de tres elementos esenciales: identidad, interacción y propósito. La identidad se construye a partir de los símbolos, narrativas y valores que la marca proyecta y que las personas reconocen como propios. Cuando alguien sigue a una organización porque siente que la representa, está participando de una identidad compartida. La interacción es el tejido vivo que mantiene unida a la comunidad: no basta con mirar, hay que hablar, responder, compartir, crear juntos. Y el propósito es la razón que da sentido a esa pertenencia: puede ser aprender algo, disfrutar de un entretenimiento, defender una causa o simplemente sentirse acompañado. Si falta uno de estos elementos, la comunidad se debilita.

Hay ejemplos de hoy día que muestran la fuerza de las comunidades digitales. Uno de los más potentes es el de K–pop. Los grupos musicales coreanos no solo generan fans, sino verdaderas comunidades globales, que se organizan para impulsar tendencias, traducir contenidos, votar en concursos o incluso realizar acciones solidarias. Los seguidores no se ven a sí mismos únicamente como consumidores de música, sino como parte de un colectivo con identidad propia. En estos casos, las redes sociales funcionan como catalizadores que amplifican la voz de millones de personas que comparten una misma pasión.

Otro ejemplo interesante es el de LEGO Ideas, la plataforma oficial donde los fans pueden proponer nuevos diseños de *sets*. La empresa no se limita a vender juguetes, sino que abre un espacio para que la comunidad participe activamente en la creación de productos. Esa decisión refuerza la lealtad porque transmite un mensaje claro: la marca no solo habla, también escucha y valora lo que sus usuarios aportan. La comunidad deja de ser un público pasivo y se convierte en cocreadora, lo que multiplica su sentido de pertenencia.

En el plano educativo, resulta útil invitar a los estudiantes a pensar en comunidades de las que forman parte y analizar qué elementos las sostienen. Por ejemplo, un grupo de jugadores de videojuegos puede sentirse unido por un lenguaje común, por rituales como partidas nocturnas o por símbolos compartidos como memes. Si trasladamos esa lógica a la gestión de marca, la tarea consiste en identificar cuáles son esos símbolos, rituales y lenguajes que pueden dar cohesión a la comunidad digital. El desafío es crear un espacio donde las personas no solo consuman, sino que también contribuyan, se reconozcan y se proyecten.

El proceso de generar comunidad no se limita a sumar seguidores en masa; al contrario, muchas veces las comunidades más fuertes no son las más numerosas, sino aquellas que logran una alta densidad de vínculos. Un foro con mil participantes activos que conversan y se ayudan puede tener más valor que una página con un millón de seguidores pasivos. La fortaleza está en la calidad de las interacciones y en la capacidad de generar confianza. Aquí es donde entra en juego la figura del *community manager* como dinamizador, alguien que facilita la participación, que modera con sensibilidad, que reconoce aportes y que mantiene un tono coherente con la identidad de la marca.

Un error frecuente en la gestión digital es confundir comunidad con audiencia. La audiencia escucha, la comunidad conversa. La audiencia observa, la comunidad actúa. La audiencia puede desaparecer cuando aparece un competidor más atractivo, pero la comunidad permanece porque su vínculo no es solo con la marca, sino con las relaciones que se generan entre los propios miembros. Esta diferencia es crucial: una marca que logra construir comunidad crea un ecosistema que no depende únicamente de su capacidad de emitir mensajes, sino de la fuerza relacional que se multiplica en cada interacción entre usuarios.

Desde un punto de vista procedimental, generar comunidad exige planificación y constancia. No se trata de abrir un grupo y esperar que crezca solo, sino que requiere establecer dinámicas de participación, diseñar calendarios de interacción, proponer actividades que incentiven la colaboración. Un buen ejemplo es el de las comunidades de aprendizaje *online*, donde los moderadores plantean retos semanales, preguntas disparadoras o espacios de *feedback* mutuo. Estas dinámicas convierten el grupo en un espacio vivo donde las personas sienten que su participación importa. Sin esas dinámicas, los grupos se apagan rápidamente y se convierten en espacios fantasma.

Un aspecto fundamental en la generación de comunidad es la empatía. No se puede construir un espacio de pertenencia si no se escucha de manera genuina a quienes forman parte de él. La empatía implica atender las inquietudes de los usuarios, reconocer sus emociones y validar sus aportes. Cuando una marca responde con rapidez y con un tono humano, transmite cercanía. Cuando ignora preguntas o responde con frialdad mecánica, genera distancia. La comunidad florece cuando hay reciprocidad, cuando las personas sienten que su voz tiene un eco.

En este punto, la autenticidad vuelve a ser decisiva. Las comunidades rechazan los intentos de manipulación o los discursos artificiales. Las marcas que intentan forzar un lenguaje juvenil sin entenderlo suelen convertirse en objeto de burla. En cambio, aquellas que muestran un «detrás de cámaras», que reconocen errores o que celebran logros junto a su comunidad generan vínculos más sólidos. La autenticidad no es una estrategia superficial, sino una actitud que se percibe en cada detalle.

Un ejemplo ilustrativo es el de Twitch, la plataforma de *streaming*. Allí, las comunidades no se forman solo alrededor de los *streamers*, sino también entre los propios usuarios del chat. El éxito de un canal no depende únicamente del contenido del creador, sino del ambiente que se genera en el chat en vivo. Cuando un *streamer* reconoce a sus seguidores, responde a sus comentarios y crea dinámicas participativas, la comunidad se fortalece. Por eso, algunos *streamers* con audiencias más reducidas logran comunidades muy leales que los apoyan incluso económicamente a través de suscripciones. La comunidad es, en este caso, un tejido vivo que se alimenta de interacción constante.

El componente actitudinal en la generación de comunidad se relaciona con la responsabilidad y el cuidado. Crear un espacio compartido implica también establecer normas claras de convivencia, prevenir el acoso, moderar discursos dañinos. Una comunidad sana no surge por azar: requiere gestión ética y compromiso con el bienestar de sus miembros. Marcas que permiten que sus foros se llenen de mensajes tóxicos terminan erosionando la confianza y perdiendo relevancia. En cambio, aquellas que cuidan la conversación, que establecen límites claros y que promueven el respeto logran espacios donde las personas se sienten seguras y motivadas para participar.

En términos procedimentales, las herramientas digitales ofrecen múltiples opciones para dinamizar comunidades, desde grupos de Facebook hasta servidores de Discord, pasando por *newsletters* interactivas o *apps* específicas. La elección de la plataforma depende del perfil del público y de los objetivos de la marca. Lo importante es que la tecnología sea un medio y no un fin. De nada sirve abrir un canal en todas las redes si luego no se sostiene con contenido y cuidado. La comunidad no se mide en número de plataformas, sino en la densidad de la participación.

En el terreno educativo, se pueden proponer actividades prácticas para entrenar esta competencia. Una consiste en pedir a los estudiantes que diseñen un plan para generar comunidad en torno a una causa concreta, por ejemplo, el reciclaje en su barrio. El reto es definir qué identidad compartida se promueve, qué dinámicas de interacción se plantean y qué propósito las une. Otro ejercicio interesante es analizar comunidades digitales existentes y detectar qué las hace fuertes o débiles: ¿qué símbolos comparten?, ¿cómo interactúan?, ¿qué papel juega la marca en la moderación? Este tipo de análisis ayuda a trasladar conceptos abstractos a experiencias concretas.

La dimensión emocional de la comunidad es quizá la más poderosa. Cuando una persona se siente parte de un grupo, su compromiso se multiplica. Existen estudios de psicología social que muestran que la pertenencia a comunidades refuerza la autoestima, reduce la sensación de soledad y aumenta la disposición a colaborar. En el ámbito digital, este efecto se traduce en usuarios que no solo consumen contenidos, sino que también los defienden, los difunden y los cocrean. Una marca con comunidad fuerte no necesita gastar tanto en publicidad, porque su propia base de seguidores se convierte en embajadora espontánea.

Pero generar comunidad también implica aceptar que no todo puede ser controlado. Las comunidades son espacios vivos que evolucionan, que adoptan dinámicas propias, que generan conversaciones inesperadas. A veces esas conversaciones favorecen a la marca, otras veces la cuestionan. El reto está en acompañar esos procesos con apertura, en lugar de intentar controlarlos de manera rígida. Cuando una marca intenta censurar o manipular excesivamente, la comunidad se rebela; cuando, en cambio, permite la diversidad de voces y responde con transparencia, la comunidad se fortalece.

Hay ejemplos de gestión inadecuada que también enseñan lecciones valiosas. Hay marcas que han cerrado foros ante críticas, que han borrado comentarios negativos o que han ignorado reclamos han terminado perdiendo credibilidad. El silencio o la censura debilitan la confianza. En cambio, responder con humildad, reconocer errores y proponer soluciones suele transformar un problema en una oportunidad de reforzar vínculos. La comunidad no espera perfección sino honestidad.

La generación de comunidad digital, en definitiva, no es un accesorio ni una moda, sino una estrategia central en la gestión contemporánea. Las marcas que entienden esto invierten tiempo y recursos en cultivar relaciones duraderas, porque saben que la confianza construida en la comunidad se traduce en lealtad, resiliencia y relevancia a largo plazo. La comunidad se convierte en un activo intangible que sostiene a la organización incluso en tiempos de crisis.

Y precisamente aquí aparece el siguiente desafío: una vez que la comunidad existe y se sostiene, la pregunta es cómo comunicarse con ella de manera persuasiva y respetuosa, cómo generar mensajes que no solo informen, sino que también inspiren, movilicen y profundicen la conexión. Porque la comunidad, sin comunicación persuasiva, puede quedarse en un grupo disperso. En la conversación intencionada se consolidan los lazos y se multiplican las posibilidades de *engagement*. Ese será el tema que abordaremos en el próximo capítulo.

## Definición del *target group*

Definir con claridad el público al que se dirige una marca es uno de los pasos más delicados y, al mismo tiempo, más decisivos en toda estrategia de comunicación digital. Muchas organizaciones cometen el error de pensar que sus mensajes deben estar dirigidos a todo el mundo y que, cuanto más amplio sea el espectro, más posibilidades tendrán de ser escuchadas. Pero en el entorno digital, donde la sobreabundancia de información y estímulos es una constante, ese enfoque se convierte en una trampa: los mensajes genéricos se diluyen en el ruido, mientras que los mensajes personalizados encuentran su nicho y logran resonar con fuerza. El *target group*, por tanto, no es una abstracción, sino el conjunto específico de personas que comparten características, motivaciones y contextos, y hacia quienes se orienta el esfuerzo comunicativo.

El concepto de *target group* no debe confundirse con el de audiencia potencial. Una audiencia potencial puede ser muy amplia —por ejemplo, todas las personas que consumen música en *streaming*—, pero el *target group* es mucho más concreto: usuarios jóvenes que buscan descubrir artistas emergentes y valoran la interacción social dentro de la plataforma. Esta definición precisa permite diseñar contenidos, mensajes y experiencias que conecten de manera auténtica. Sin esta claridad, las marcas corren el riesgo de desperdiciar recursos y desconectarse de los intereses reales de sus públicos.

En la práctica, definir un *target group* exige considerar diferentes dimensiones. La primera de ellas es la segmentación demográfica, que contempla variables como la edad, el género, la localización geográfica, el nivel educativo o los ingresos. Estos criterios, aunque básicos, ofrecen una primera aproximación a las características del público. Una marca de pañales, por ejemplo, no puede dirigirse a la población general, sino a familias con bebés de entre cero y tres años. La segmentación demográfica ayuda a filtrar de manera inicial, pero resulta insuficiente si no se complementa con otras capas de análisis.

La segunda dimensión es la segmentación psicográfica, que explora los estilos de vida, los valores, los intereses y las actitudes de las personas. Aquí el foco no está en los datos objetivos, sino en la subjetividad que define cómo viven y qué desean. Dos individuos de la misma edad y con ingresos similares pueden pertenecer a segmentos distintos si uno se interesa por la sostenibilidad y el consumo responsable, mientras que el otro prioriza el lujo y el estatus. Las arcas de ropa, por ejemplo, se diferencian no tanto por la edad de su público, sino por las aspiraciones a las que apelan: la elegancia, la comodidad, la innovación o la conciencia ambiental.

Una tercera dimensión es la segmentación conductual, que analiza los comportamientos de los usuarios: sus hábitos de compra, su nivel de fidelidad, la frecuencia con la que utilizan un producto o servicio. Hay empresas, como Spotify o Netflix, que aplican este criterio cuando distinguen entre usuarios gratuitos y prémium, o entre quienes consumen un tipo de contenido frente a otro. El comportamiento ofrece pistas valiosas porque revela patrones de acción concretos. No se trata de lo que las personas dicen que les interesa, sino de lo que efectivamente hacen.

En los últimos años, la identificación del *target group* se ha enriquecido con el uso de herramientas digitales que permiten un análisis mucho más detallado. Plataformas como Google Analytics, Meta Insights o TikTok Analytics ofrecen información en tiempo real sobre quiénes visitan un sitio web, desde dónde lo hacen, cuánto tiempo permanecen y qué contenidos despiertan más interés. Estos datos no solo permiten describir a la audiencia, sino también anticipar tendencias y ajustar las estrategias de comunicación de forma dinámica. Para una ONG, por ejemplo, descubrir que el 70 % de sus visitas provienen de dispositivos móviles puede ser el detonante para rediseñar su web y priorizar la experiencia móvil.

Sin embargo, definir un *target group* no puede limitarse a números y métricas. La empatía juega un papel central en este proceso. Entender qué motiva a las personas, qué emociones guían sus decisiones y qué experiencias valoran es tan importante como conocer sus características demográficas. Hay marcas deportivas como Nike que no venden únicamente zapatillas, también venden la emoción de la superación personal, el orgullo de pertenecer a una comunidad de esfuerzo y logro. Esa dimensión emocional es la que convierte a un *target* en algo vivo y complejo que trasciende la estadística para convertirse en un retrato humano.

La construcción de perfiles detallados, también conocidos como *buyer* personas, es una herramienta útil en este sentido. Estos perfiles no se limitan a describir datos, sino que crean narrativas sobre personas ficticias pero representativas. Así, una marca puede definir a «Ana, 32 años, madre, interesada en la crianza positiva, que busca productos seguros y educativos para su hijo». Este retrato permite imaginar cómo se relacionaría Ana con los mensajes de la marca, qué canales utilizaría, qué dudas tendría y qué le motivaría a tomar decisiones de compra.

La creación de estos perfiles ayuda a visualizar el *target group* como individuos con rostro y voz, en lugar de cifras abstractas.

El *target group*, una vez definido, influye en el tono, el estilo y el contenido de los mensajes. Una marca como Red Bull, dirigida a jóvenes que valoran la aventura y la energía, adopta un lenguaje atrevido y visualmente impactante. Nespresso, en cambio, orientada a consumidores que buscan sofisticación, utiliza un discurso más elegante y refinado. Esta adaptación del mensaje no significa traicionar la identidad de la marca, sino traducirla de manera que resuene en el público específico. El mismo producto puede ser comunicado de formas distintas según el segmento al que se dirija, y ahí radica la versatilidad estratégica.

En el terreno digital, esta precisión se ha llevado al extremo con el *microtargeting*, que consiste en personalizar mensajes para nichos muy reducidos, incluso a nivel individual. Las campañas políticas en las redes sociales han explorado esta práctica con intensidad, enviando mensajes diferentes a cada barrio, comunidad o grupo de interés. Aunque polémico en algunos casos por las implicaciones éticas que plantea, el microtargeting demuestra hasta qué punto la segmentación se ha vuelto sofisticada en la era digital. Una aplicación local de transporte, por ejemplo, puede dirigir mensajes diferentes a estudiantes universitarios y a profesionales ejecutivos, adaptando beneficios y narrativas.

Los riesgos de una mala segmentación también son evidentes. Dirigir mensajes al público equivocado no solo desperdicia recursos, sino que puede generar desconexión e incluso rechazo. El famoso anuncio de Pepsi con Kendall Jenner, que intentó vincular la marca con causas sociales de manera superficial, fue criticado por no entender el sentir real de su *target*. La campaña no solo fracasó, sino que dañó la reputación de la marca al ser percibida como oportunista. Este caso recuerda que definir el *target group* implica sensibilidad cultural y capacidad de interpretar correctamente las expectativas del público.

En contraste, las segmentaciones exitosas muestran el poder de esta práctica. Netflix, por ejemplo, no ofrece un catálogo uniforme a todos sus usuarios, sino que personaliza las recomendaciones según lo que cada persona ve. Esa capacidad de ajustar el contenido a intereses específicos refuerza la fidelidad y mantiene la atención. La personalización, en definitiva, convierte la experiencia en algo único para cada usuario y multiplica el valor percibido de la marca.

En el ámbito B2B, la definición de *target group* adquiere particularidades. Aquí el público no son individuos aislados, sino organizaciones que toman decisiones en función de sus necesidades corporativas. Una empresa como Salesforce no se dirige a cualquier consumidor, sino a grandes corporaciones que requieren soluciones integrales de gestión de clientes. Definir un *target* en B2B implica considerar factores como el sector, el tamaño de la empresa, el presupuesto disponible y los procesos de decisión internos. La segmentación, en este caso, se adapta a una lógica más institucional, pero mantiene el mismo principio: enfocarse en quienes realmente pueden establecer una relación significativa con la marca.

La innovación tecnológica también ha transformado la manera de segmentar. La inteligencia artificial permite generar segmentos dinámicos que evolucionan en tiempo real, en función del comportamiento de los usuarios. Amazon, por ejemplo, ajusta sus recomendaciones con algoritmos predictivos que anticipan lo que una persona podría querer comprar en función de sus búsquedas y compras anteriores. Esta segmentación flexible refleja un cambio de paradigma: el *target* ya no es estático, sino que se redefine continuamente a partir de los datos.

En la práctica educativa, los estudiantes pueden trabajar la definición de *target group* con ejercicios concretos. Un reto sencillo consiste en pedir que diseñen el *target* para una campaña de lanzamiento de un producto local, definiendo tanto variables demográficas como psicográficas y conductuales. Otro ejercicio es analizar anuncios publicitarios que hayan fracasado por una mala segmentación y discutir qué errores se cometieron. Este tipo de dinámicas refuerza la idea de que la segmentación no es un procedimiento mecánico, sino un ejercicio de observación cultural y empatía social.

El componente actitudinal en este proceso se relaciona con la capacidad de cuestionar los propios sesgos. A menudo, quienes diseñan campañas tienden a proyectar sus propias preferencias sobre el público, olvidando que los usuarios pueden tener motivaciones muy diferentes. Definir un *target group* exige apertura, disposición a escuchar y humildad para reconocer que no siempre se acierta a la primera. La segmentación es un proceso de aprendizaje continuo en el que los errores pueden corregirse si se mantiene una actitud de escucha activa.

Definir el *target group* es, en definitiva, un acto de respeto hacia el público. Es reconocer que no se puede hablarle a todo el mundo con la misma voz, sino que hay que entender a quién se quiere llegar y cómo se puede establecer un diálogo significativo. Es también un ejercicio de honestidad, porque obliga a delimitar dónde la marca tiene sentido y dónde no. Y es una apuesta estratégica, porque permite optimizar recursos y maximizar impacto.

Este camino nos lleva inevitablemente al siguiente desafío: una vez que sabemos quién es nuestro público, el paso lógico es preguntarnos cómo hablarle. La definición del *target group* establece el quién, pero queda por resolver el cómo. Es ahí donde entra en juego la comunicación persuasiva, la capacidad de construir mensajes que no solo informen, sino que inspiren, movilicen y generen *engagement*. Esa será la materia que abordaremos en el próximo capítulo.

## Comunicación persuasiva y tácticas de *engagement*

Hablar de comunicación persuasiva en el entorno digital es detenerse en una de las habilidades más delicadas y, al mismo tiempo, más poderosas de un *community manager*: la capacidad de influir en percepciones y comportamientos sin que la audiencia sienta que está siendo manipulada. La persuasión no consiste en gritar más fuerte que los demás ni en forzar decisiones, sino en conectar con lo que las personas ya valoran, necesitan o desean. En las redes sociales, donde la saturación de mensajes convive con usuarios cada vez más críticos, la diferencia entre un contenido que pasa desapercibido y otro que provoca acción está en cómo se formula el mensaje. La información por sí sola describe hechos, pero la persuasión convierte esos hechos en significados que generan confianza o emoción. Un ejemplo cotidiano ayuda a ilustrarlo: cuando una marca de tecnología anuncia «este dispositivo tiene dos años de garantía» está informando, pero cuando dice «queremos que disfrutes con tranquilidad sabiendo que te acompañamos durante dos años», el dato se transforma en una promesa emocional. La primera frase describe, la segunda persuade.

Esa diferencia se refuerza con una de las herramientas más antiguas y vigentes: el arte de contar historias. El *storytelling* no es un simple adorno narrativo, sino un mecanismo que nos permite conectar experiencias personales con los valores de una marca. Nike rara vez presenta su zapatilla como un objeto técnico, lo que muestra son relatos de superación, de personas que rompen barreras, de colectivos que encuentran fuerza en la adversidad. Las zapatillas se convierten en símbolo de la narrativa, no en el centro de la campaña. Al hacerlo, el producto se vuelve memorable porque se asocia a emociones compartidas, no a datos técnicos.

A esta dimensión narrativa se suman los principios de la psicología social, que, como explicó Robert Cialdini, funcionan como resortes universales de la conducta: reciprocidad, compromiso, prueba social, autoridad, simpatía y escasez. Cada uno puede adaptarse al entorno digital con ejemplos claros. Una empresa que regala un recurso gratuito activa la reciprocidad; una plataforma que muestra reseñas genuinas de usuarios activa la prueba social; una campaña limitada en el tiempo genera la sensación de escasez. Lo importante no es aplicar estas fórmulas de manera mecánica, sino entender que refuerzan una percepción de valor que anima a la acción. En el contexto digital, se trata de ofrecer antes de pedir, de mostrar más que prometer y de recordar que detrás de cada clic hay una persona con emociones, miedos y aspiraciones.

La persuasión en redes se mide en *engagement*: la forma en que los usuarios interactúan, participan y vuelven. No basta con lograr que alguien vea un vídeo o pulse un botón, lo significativo ocurre cuando esa persona comenta, comparte, pregunta o recomienda. El *engagement* refleja que el mensaje no se limitó a informar, sino que inspiró algún grado de implicación. Un caso representativo es Spotify. La compañía no insiste únicamente en las características técnicas de su plan prémium, sino que convierte esas funciones en beneficios personales: escuchar música en un viaje sin interrupciones, disfrutar de listas personalizadas que parecen conocer nuestros gustos mejor que nosotros mismos, o celebrar cada diciembre con *Spotify Wrapped*, un ritual que combina datos y emoción al mostrar la banda sonora del año de cada usuario. El resultado es un vínculo que trasciende lo funcional y se vive como experiencia compartida.

El *engagement* se sostiene sobre tres motores principales: emoción, participación y constancia. La emoción explica por qué ciertos mensajes se viralizan. Una campaña que despierta alegría, ternura o indignación moviliza porque activa respuestas viscerales. Coca–Cola ha hecho de la felicidad compartida su bandera durante décadas, y en redes sociales cada pieza que refuerza esa asociación genera un eco inmediato. La participación amplifica la emoción porque convierte a los usuarios en protagonistas: un reto colectivo como el *Ice Bucket Challenge* se expandió porque cada persona no solo veía, sino que actuaba, nominaba, grababa y compartía. Y la constancia garantiza que el vínculo no se diluya con el tiempo. No basta con un pico de entusiasmo, la relación se fortalece cuando la marca responde con rapidez, mantiene un ritmo reconocible y escucha de manera activa lo que la comunidad expresa.

Para comprender estos procesos en un entorno educativo, se puede plantear un ejercicio conceptual: comparar la efectividad de una reseña publicada por un usuario frente a la de un anuncio oficial y analizar por qué la primera suele despertar más credibilidad. Desde una dimensión procedimental, se puede invitar a los estudiantes a redactar un *post* breve diseñado para despertar una emoción concreta en un público específico, midiendo después qué tipo de reacciones genera. En el plano actitudinal, la reflexión puede girar en torno a las experiencias personales: ¿cómo cambia la percepción cuando una marca responde con calidez y rapidez a una duda en las redes sociales? Estas prácticas muestran que la persuasión y el *engagement* no son fórmulas abstractas, sino experiencias que afectan de manera tangible a las relaciones digitales.

El papel de los *influencers* se inserta también en este entramado. Su fuerza no radica en el alcance, sino en la credibilidad percibida. Un *influencer* especializado en *fitness* que comparte su experiencia con un suplemento deportivo persuade más que un anuncio televisivo, porque la comunidad lo percibe como alguien cercano y legítimo. Sin embargo, la clave está en la coherencia: cuando un *influencer* promociona algo que no encaja con sus valores ni con los intereses de su audiencia, el efecto se revierte. La colaboración deja de ser persuasiva para convertirse en un gesto forzado, y la comunidad lo detecta de inmediato.

En la comunicación persuasiva la autenticidad se vuelve innegociable. Las audiencias actuales reconocen con rapidez cuándo un mensaje es artificial o exagerado. La transparencia, la capacidad de mostrar procesos internos, de reconocer errores y de compartir aprendizajes genera más confianza que la perfección impostada. Una marca que comparte el detrás de cámaras de su trabajo comunica no solo lo que hace, sino cómo lo hace, y eso fortalece el vínculo porque transmite humanidad.

Existe, sin embargo, una frontera delicada entre persuadir y manipular. La persuasión ofrece razones y emociones que invitan a la acción libre; la manipulación oculta información, exagera promesas o explota vulnerabilidades. En un ecosistema donde la segmentación y la personalización permiten ajustar mensajes de manera quirúrgica, la responsabilidad ética se multiplica. Hay campañas sociales de oenegés que muestran que es posible comunicar con fuerza sin caer en la manipulación: cuando se narran historias reales de superación o de necesidad, sin recurrir al morbo ni a la exageración, se persuade respetando la dignidad del receptor.

Los errores en comunicación persuasiva son fáciles de detectar, porque erosionan la confianza: mensajes repetitivos con urgencias artificiales, *banners* que insisten sin aportar valor o promesas grandilocuentes que no se cumplen. Cuando la presión es excesiva, el usuario se desconecta. La persuasión más efectiva no es la que busca forzar, sino la que inspira a elegir.

El reto para el *community manager* consiste en integrar todas estas dimensiones en una práctica coherente: mensajes narrativos que emocionan, principios psicológicos que orientan, tácticas de *engagement* que sostienen la relación y una ética que garantice confianza a largo plazo. No se trata de acumular interacciones superficiales, sino de construir comunidades que encuentren valor y sentido en lo que la marca comparte.

En este punto, la transición es clara: si la persuasión capta la atención y el *engagement* la mantiene, el desafío que sigue es entender cómo se diseñan las dinámicas concretas que permiten que esa conexión se transforme en hábito y pertenencia. El siguiente capítulo profundizará en esas tácticas específicas, desde la gamificación hasta la personalización, para comprender cómo se construye un *engagement* sólido que resista el paso del tiempo.

## Tácticas de *engagement*

El *engagement* no es un truco para inflar métricas ni una colección de me gusta que se acumulan en una gráfica bonita: es la energía relacional que mantiene unida a una comunidad cuando el ruido del entorno empuja a la dispersión. Sucede cuando alguien vuelve sin que se lo pidamos, comenta porque algo le interpela, comparte porque encuentra sentido en hacerlo y recomienda porque el vínculo ya forma parte de su identidad. Pensar el *engagement* como un destino final suele llevar a tácticas vacías; entenderlo como un proceso que se cultiva con experiencias, reconocimiento y utilidad permite diseñar relaciones sostenibles. En esa lógica, el *community manager* deja de perseguir chispazos virales para convertirse en arquitecto de hábitos, anfitrión de conversaciones y editor de momentos con significado.

Una pista clara de que hay *engagement* real aparece cuando la conversación sigue su curso aunque la marca no empuje. Pensemos en los estrenos de una serie: el tráiler abre la puerta, pero son los hilos donde los seguidores descubren *easter eggs*, las teorías compartidas y los memes inteligentes los que sostienen la atención durante semanas. La marca puede proponer detonantes —un guiño visual, una pregunta, un fragmento que invita a la relectura—, pero es la comunidad quien escribe el relato colectivo. Actividad conceptual: identifica un contenido reciente que comentaste sin que nadie te lo pidiera y explica dos razones por las que te involucraste —curiosidad, humor compartido, pertenencia a un grupo, utilidad práctica—; detecta además qué gesto de la marca funcionó como invitación implícita a participar.

La emoción es el combustible más potente del compromiso. Recordamos lo que nos hace sentir algo, y volvemos allí donde nos sentimos vistos. Las campañas que trabajan con alegría, ternura, orgullo o indignación diseñan un terreno fértil para la participación. Cuando Dove muestra historias de autoestima con rostros cotidianos, no busca la lágrima fácil, sino reconocimiento: «Esto también va conmigo». En formatos cortos —*reels*, *tiktoks*, *shorts*— esa emoción necesita entrar rápido, sostenerse sin artificio y cerrar con una invitación simple a continuar la conversación. Actividad actitudinal: piensa en un mensaje reciente que hizo que te sintieras parte; escribe en dos frases qué emoción activó y por qué te llevó a interactuar (comentar, guardar o compartir).

El juego añade estructura a la emoción. La gamificación no trata de repartir puntos por repartirlos, sino de diseñar metas claras, *feedback* inmediato y progreso visible. Duolingo lo comprendió: rachas, ligas, cofres y un tono juguetón que celebra cada microavance. Trasladado a una comunidad, el juego ordena la participación: retos semanales, insignias por aportes útiles, niveles que reconocen experiencia. Importa tanto la mecánica como su sentido: la recompensa no *compra* la acción, la celebra. Actividad procedimental: diseña un reto de siete días para tu comunidad con objetivo concreto, regla simple, señal diaria de avance y una recompensa simbólica alineada al propósito (por ejemplo, aparecer en un *muro de constancia* o acceder a un tutorial exclusivo).

Personalizar no es escribir el nombre en un asunto de *e–mail*, es reducir fricción cognitiva entregando lo pertinente en el momento adecuado. Netflix no envía la misma sugerencia a todos; aprende patrones, predice contextos y ofrece lo que probablemente quieras ver un viernes a las 21:00. En social, la personalización puede ser mínima —responder con referencias al historial del usuario— o sofisticada —reordenar módulos de una *app* según desempeño—, pero siempre con una premisa: pertinencia antes que volumen. Un boletín que abre con un «Para ti» breve, curado por el propio comportamiento del lector, genera una promesa de valor inmediata: aquí no vas a perder tiempo. Actividad conceptual: explica por qué un mensaje que encaja con tu situación (lugar, hora, dispositivo, etapa del viaje) te hace participar más que uno genérico.

El *engagement* crece cuando existe agencia: sentir que lo que hacemos cambia algo. Pedir *likes* no concede poder; permitir que la comunidad influya en un nombre de producto, en la prioridad del *roadmap* o en la ciudad del próximo encuentro, sí. LEGO Ideas es un ejemplo emblemático: los fans proponen *sets*, la comunidad vota y el resultado puede llegar a producirse. La participación no es decorado, tiene consecuencias. Actividad procedimental: plantea una votación para tu comunidad con tema, opciones, calendario y una explicación clara de qué ocurrirá con el resultado; cierra el ciclo comunicando el antes y el después.

La constancia convierte los picos en relación. No se trata de publicar sin descanso, sino de sostener una cadencia reconocible: el directo de los jueves, la pregunta de los lunes, el resumen de los domingos. Ese ritmo crea expectativa y hábito. El silencio prolongado, en cambio, se interpreta como abandono, y los algoritmos lo confirman: si no apareces, dejas de existir. Diseñar un plan editorial mínimo viable —piezas comodín *evergreen*, ventanas de programación flexibles y protocolos de sustitución— evita apagones. Actividad conceptual: describe dos efectos del silencio (pérdida de hábito del usuario, caída de memoria algorítmica) y dos formas de mitigarlos.

El humor, bien calibrado, es pegamento social. La ironía juguetona de Wendy's funciona porque conversa con códigos que su audiencia reconoce y cuida los límites del respeto. El humor mal ajustado rompe la confianza; el oportuno reduce distancias y humaniza. Clave: que el chiste no sea a costa de la comunidad ni de colectivos vulnerables; que el contexto acompañe; que el *timing* sea el correcto. Actividad actitudinal: recuerda una broma de marca que te hizo sonreír; identifica qué la hizo segura (tono, destinatario, *timing*, contexto).

El hacer juntos consolida la identidad de grupo. *Playlists* colaborativas, retos compartidos, *watch parties* con chats en vivo, jornadas de voluntariado impulsadas por la marca, *jams* de prototipado o clubes de lectura en Discord convierten el consumo pasivo en experiencia participativa. La huella pública —un mural de nombres, un repositorio de aportes, un videorresumen con créditos visibles— devuelve a la comunidad la evidencia de su obra. Actividad procedimental: diseña una acción colectiva mensual que conecte propósito y práctica (qué haremos, dónde, cuánto durará, cómo se verá el resultado y qué reconocimiento quedará visible).

Cuidar la conversación es condición de posibilidad. Un espacio con reglas claras, moderación restaurativa —no solo punitiva— y criterios explícitos de convivencia no recorta libertad, la hace sostenible. Donde hay respeto la gente se queda; donde hay hostilidad abandona o silencia. Mostrar cómo se toman decisiones de moderación y por qué, compartir protocolos de escalado y habilitar canales de apelación transparentes refuerza la confianza. El *engagement* florece donde hay seguridad psicológica.

El contenido «para guardar» es una apuesta estratégica: *checklists*, plantillas, atajos y guías resumidas que resuelven problemas concretos y piden regresar. Un «guardado» es una promesa de retorno; diseñar con ese KPI obliga a priorizar utilidad y claridad. En paralelo, dividir la comunidad en células manejables —por intereses, ciudades o niveles de experiencia— aumenta la densidad de vínculos. Las microcomunidades no fragmentan, acercan. Cada célula con su anfitrión, ritmos propios y pasarelas al espacio común suma cohesión sin perder escala.

El reconocimiento público es salario emocional. Menciones con nombre y apellido, *role badges*, créditos en lanzamientos, acceso anticipado a betas o a encuentros privados, agradecimientos visibles en piezas de contenido: no es premio por obedecer, es gratitud por contribuir. El reconocimiento funciona cuando es específico (qué se está valorando), oportuno (cerca del aporte) y proporcional (sin favoritismos opacos).

No todas las palancas suman. La presión constante con notificaciones, urgencias artificiales o «última oportunidad» diaria genera fatiga y erosiona confianza. El *engagement bait* —preguntas vacías, sorteos sin relación con el propósito, mecánicas de «comenta con un emoji»— hincha números y vacía sentido. Diseñar con la ética del cuidado —no explotar sesgos de manera opaca, no capturar atención a cualquier precio— es condición para sostener el vínculo en el tiempo. Cuando hay error, se corrige a la vista; cuando hay aprendizaje, se documenta y se comparte. Esa transparencia engrasa la relación.

Medir es comprender para ajustar, no para presumir. Más que contar pulgares, interesa la calidad de los comentarios, el porcentaje de vídeos vistos hasta el final, los guardados, la frecuencia de retorno, la participación en directos, la conversión de *observador* a *contribuyente*, y sobre todo, la evolución de esos indicadores tras cada intervención. Si la retención cae a los cinco segundos, la apertura falla; si suben los guardados, la pieza es útil; si los compartidos crecen en temas A pero no en B, la identidad del nicho se inclina hacia A. La métrica guía el ajuste fino, no dicta la identidad.

El camino del compromiso también respeta el tiempo de la gente. El principio del *mínimo compromiso viable* propone trayectorias graduales: reaccionar, comentar, aportar, co–crear, liderar. No se pide todo al principio, se invita a dar el siguiente paso plausible. Ese diseño evita saltos bruscos y reduce la fricción de entrada. En paralelo, colaborar con *influencers* puede catalizar la participación cuando hay encaje real de valores y audiencia. Los *microinfluencers*, por su densidad relacional, suelen ofrecer conversaciones más largas, *feedbacks* más útil y una confianza más resistente que una gran celebridad de alcance masivo.

Cuando estas piezas se alinean —emoción auténtica, juego con sentido, personalización pertinente, agencia real, ritmo sostenido, humor cuidadoso, experiencias compartidas, conversación segura, utilidad guardable, reconocimiento visible y medición honesta— el *engagement* deja de ser un KPI aislado y se convierte en infraestructura relacional. Es la base emocional sobre la que puede construirse rendimiento: pruebas de producto con usuarios comprometidos, encuestas que recogen información valiosa, betas que mejoran gracias al *feedback*, recomendaciones orgánicas que reducen costes de adquisición y, sí, decisiones de compra que llegan porque antes hubo confianza.

Ese es, precisamente, el puente hacia el siguiente desafío. Si el *engagement* teje hábito y pertenencia, el paso lógico es traducir esa energía en resultados concretos: registros, descargas, compras, renovaciones. De la interacción a la acción media el diseño de experiencias de decisión: páginas claras, llamadas a la acción comprensibles, fricciones intencionadas que protegen y no estorban, pruebas A/B que aprenden sin quemar confianza. En el próximo capítulo nos adentraremos en la conversión y el aumento de ratios para entender qué mueve realmente la aguja y cómo optimizarla sin romper el vínculo que tanto costó construir.

## Conversión y aumento de ratios

En el universo digital, donde cada clic puede marcar la diferencia entre una visita fugaz y una relación duradera, la conversión se convierte en el punto neurálgico de toda estrategia. Hablar de conversión es hablar del instante en que la atención del usuario, cuidadosamente trabajada a través de mensajes, experiencias y vínculos emocionales, se transforma en acción concreta: una compra, un registro, una descarga, una suscripción. Ese momento, aparentemente sencillo y cuantificable, es en realidad el resultado de una cadena de factores visibles e invisibles que confluyen en el punto de decisión. Por eso, cuando decimos que un *community manager* debe conocer los secretos de la conversión, no estamos limitando su trabajo a métricas frías, sino a comprender cómo se orquesta un recorrido que va desde la curiosidad inicial hasta la acción que materializa el valor de una relación.

La conversión no siempre se expresa en términos monetarios. Un error común es pensar que convertir significa únicamente vender. En realidad, hay múltiples formas de conversión que no implican transacciones económicas inmediatas: un estudiante que descarga un material didáctico, un lector que se suscribe a una *newsletter*, un usuario que se registra en una *app* gratuita. Todas esas acciones son, en sí mismas, microconversiones que preparan el terreno para relaciones más profundas. Cada clic hacia adelante construye confianza y abre la posibilidad de futuras interacciones de mayor valor. De hecho, muchas empresas digitales basan su estrategia en optimizar estas microconversiones, sabiendo que la repetición de pequeños pasos sostenidos suele tener más impacto que la obsesión por la venta directa.

Para medir esta dinámica, las marcas recurren a una métrica central: la tasa de conversión. Se calcula como el porcentaje de usuarios que realizan la acción deseada frente al total de quienes han tenido la oportunidad de hacerlo. Si mil personas visitan un sitio web y cincuenta completan una compra, la tasa de conversión es del cinco por ciento. Puede parecer un número pequeño, pero en el mundo digital ese cinco por ciento representa la diferencia entre la sostenibilidad y el fracaso. Una tienda *online* que aumenta su tasa de conversión del 2 % al 3 % incrementa un cincuenta por ciento su volumen de ventas sin necesidad de captar más tráfico. Este detalle muestra que la conversión es un campo de optimización constante: no se trata solo de atraer más visitas, sino de saber transformar mejor las que ya llegan.

Ahora bien, ¿qué factores determinan que un usuario finalmente convierta? La confianza es, sin duda, el primero de ellos. Nadie se atreve a entregar sus datos personales ni a realizar un pago en una página que genera dudas, de ahí que los sellos de seguridad, las reseñas verificadas y las políticas claras sean elementos indispensables. La claridad del mensaje es otro factor determinante: los usuarios necesitan entender con rapidez qué se les ofrece, qué obtendrán a cambio y cómo pueden obtenerlo. Un tercer elemento es la experiencia técnica: un sitio lento, una *app* que se congela o un formulario interminable suelen echar a perder el recorrido. Los estudios muestran que un retraso de tres segundos en la carga de una página puede reducir drásticamente las conversiones. Esto nos recuerda que la persuasión no depende solo de la creatividad del mensaje, sino también de la calidad de la experiencia.

Una de las herramientas más eficaces para mejorar la conversión son las páginas de aterrizaje o *landing pages*. Diseñadas con un único objetivo, eliminan distracciones y conducen al usuario directamente hacia la acción deseada. Un botón central, un mensaje claro, un diseño limpio: elementos que pueden parecer simples, pero que multiplican los resultados. Spotify, por ejemplo, invita a descargar su aplicación con un único botón que ocupa el centro de la pantalla. Esa economía de recursos es lo que convierte a una *landing page* en un dispositivo tan poderoso: cuanto menos dispersión, mayor probabilidad de acción.

Dentro de estas páginas y en todo el ecosistema digital, el papel de los llamados *call–to–action* (CTA) es decisivo. La diferencia entre un botón que dice «Enviar» y otro que dice «Empieza gratis hoy» puede traducirse en miles de conversiones adicionales. La primera opción es neutra, casi burocrática; la segunda es inspiradora, transmite un beneficio inmediato y un tono positivo. Los CTA efectivos cumplen dos condiciones: son visibles y persuasivos. No basta con que estén presentes, deben sobresalir del entorno y guiar al usuario con claridad hacia el siguiente paso.

La experiencia de usuario, en su conjunto, también marca el destino de las conversiones. Amazon, consciente de ello, diseñó hace años la opción de compra con un solo clic. Esa simplificación eliminó pasos intermedios y redujo la fricción al mínimo, logrando que el impulso de compra se materializara antes de que surgieran dudas. Cada vez que reducimos un clic innecesario, estamos aumentando las posibilidades de que la acción ocurra. La conversión, en última instancia, es un delicado equilibrio entre el deseo del usuario y los obstáculos a los que se enfrenta en el recorrido.

Para comprender mejor qué funciona y qué no, las marcas recurren a las pruebas A/B. Se trata de experimentar con dos versiones de una misma página, anuncio o correo electrónico para ver cuál obtiene mejores resultados. Puede ser tan sencillo como cambiar el color de un botón o tan complejo como modificar toda la estructura de un flujo de registro. Lo importante es medir objetivamente cuál variante genera más conversiones. Este método reduce el riesgo de tomar decisiones basadas en intuiciones erróneas y permite optimizar sobre la marcha. En un mundo digital donde todo se puede medir, ignorar la posibilidad de experimentar sería como conducir con los ojos cerrados.

Los ejemplos de mejora mediante tácticas simples son abundantes. Booking, por ejemplo, incrementó sus conversiones al mostrar mensajes de escasez como «última habitación disponible». Aunque pueda parecer un recurso básico, apela a un principio psicológico poderoso: la urgencia. Al mostrar que la oportunidad es limitada, se incentiva al usuario a actuar de inmediato. Este tipo de estrategias no deben confundirse con manipulación, siempre que se basen en datos reales y no en engaños. El usuario acepta la urgencia como parte de un contexto verídico y la marca mantiene su credibilidad mientras impulsa la acción.

También es importante señalar los errores frecuentes que minan las conversiones. Formularios excesivamente largos, registros obligatorios antes de mostrar productos, ventanas emergentes intrusivas o solicitudes de datos innecesarios suelen generar abandono. En un mundo donde la atención es escasa, cada obstáculo extra es un riesgo. Si una persona tarda cinco minutos en completar un proceso que podría resolverse en treinta segundos, es muy probable que abandone antes de terminarlo. Identificar estas barreras y eliminarlas es una de las tareas más relevantes en la optimización de la conversión.

Las redes sociales han ampliado aún más el campo de las conversiones. Hoy es posible comprar directamente desde Instagram, Facebook o TikTok sin salir de la aplicación. Esta integración convierte a las redes en auténticos espacios de transacción, donde la línea entre entretenimiento, comunidad y consumo se diluye. La conversión móvil, por su parte, se ha vuelto predominante: la mayoría de las transacciones digitales ocurren ya desde dispositivos móviles. Aplicaciones como Glovo o Uber Eats han diseñado recorridos donde bastan pocos toques en la pantalla para completar un pedido. El *community manager*, en este escenario, debe comprender que el diseño móvil no es una adaptación secundaria, sino el espacio principal de las decisiones.

Pero la conversión no termina en la acción inmediata. Una compra debe transformarse en una relación a largo plazo. Amazon Prime es el ejemplo clásico: lo que comenzó como un programa de envíos rápidos se convirtió en un ecosistema de fidelización que multiplica las compras recurrentes. Aquí la conversión inicial es solo la puerta de entrada a un vínculo sostenido, donde el usuario encuentra razones constantes para permanecer.

La relación entre *engagement* y conversión merece atención especial. No puede haber conversión significativa sin un grado previo de *engagement*. Una comunidad activa en las redes sociales prepara el terreno para que, llegado el momento, sus miembros se conviertan en clientes. El *engagement* es la confianza, la emoción y la interacción sostenida; la conversión es la acción concreta que materializa ese vínculo. Si pensamos en un embudo digital, el *engagement* ocupa los espacios intermedios, donde se fortalece la relación, mientras que la conversión representa el paso decisivo hacia la concreción.

Medir y optimizar constantemente es, en consecuencia, un requisito ineludible. No basta con lanzar campañas y esperar resultados. Cada métrica debe analizarse, cada variación debe evaluarse, cada decisión debe alimentarse de datos. Hay herramientas, como Google Optimize o HubSpot, que permiten experimentar y ajustar en tiempo real. Esta flexibilidad es la que distingue a las estrategias digitales exitosas: la capacidad de aprender de cada interacción y traducir ese aprendizaje en mejoras continuas.

En definitiva, la conversión no es un acto aislado ni un número frío, sino el resultado tangible de un proceso complejo donde confluyen confianza, claridad, diseño, emoción y datos. Es la manera en que se materializa el vínculo que se ha venido construyendo a lo largo de múltiples interacciones. Y, sobre todo, es el indicador que permite traducir la estrategia digital en resultados concretos, visibles y sostenibles.

Y sin embargo, comprender la conversión en toda su amplitud requiere un marco más amplio: el recorrido del usuario desde que conoce una marca hasta que se convierte en cliente fiel. Ese recorrido se representa en un dispositivo central de la comunicación digital: el embudo de ventas. Allí veremos cómo se organizan las fases de *awareness*, consideración, decisión y fidelización, y cómo cada una influye en el resultado final. Ese será el camino que abriremos en el próximo capítulo.

## Embudo de ventas digital

En el ecosistema digital, donde la abundancia de mensajes compite por cada segundo de atención, comprender el recorrido del usuario se convierte en una brújula indispensable. No basta con atraer visitas ni con generar interacción, lo esencial es saber cómo esas interacciones avanzan, se consolidan y terminan en decisiones. Para entender ese trayecto, el *marketing* ha adoptado una metáfora visual tan poderosa como intuitiva: el embudo de ventas. Un embudo, en la vida cotidiana, es un instrumento que permite guiar un flujo desde una boca ancha hacia una salida estrecha. En el terreno digital, la lógica es similar: muchas personas llegan al inicio del recorrido, pero solo unas pocas completan el trayecto hasta convertirse en clientes fieles. Esa reducción progresiva explica por qué la figura del embudo resulta tan útil para describir el proceso de conversión.

El embudo digital comienza con la fase de *awareness* o conciencia, donde el usuario entra en contacto por primera vez con la existencia de una marca. No hay aún intención de compra ni compromiso emocional, solo un destello inicial que despierta curiosidad. Este momento puede producirse en un anuncio de Instagram, en una búsqueda en Google o en una recomendación casual de un amigo. Lo importante es que la persona, que hasta ese momento no sabía de la marca, ahora la tiene registrada en su horizonte mental. Un ejemplo claro se da con aplicaciones de idiomas: un joven que nunca había pensado en aprender japonés ve en TikTok un vídeo breve donde alguien explica cómo decir frases cotidianas. Esa exposición lo introduce en la existencia de una *app* educativa, sin que en ese instante esté decidido a descargarla. El *awareness* abre la puerta, pero no asegura el paso siguiente.

La segunda etapa, la consideración, es más reflexiva. Aquí el usuario reconoce que tiene una necesidad o un interés y comienza a evaluar alternativas. Ya no se trata de una marca invisible, sino de una opción posible entre varias. El estudiante que descubrió la *app* de idiomas, por ejemplo, ahora compara qué ofrece esa plataforma frente a otras como Duolingo o Babbel. Busca reseñas, consulta precios, lee comentarios en foros. La decisión no se toma aún, pero se filtran las opciones y se construye una jerarquía de preferencias. En esta fase, la calidad de la información y la transparencia se vuelven decisivas. Una reseña honesta o un tutorial claro puede inclinar la balanza más que un anuncio colorido.

La tercera etapa es la decisión, el punto en el que el usuario concreta la acción esperada. Aquí ya no hay exploración general ni dudas excesivas, hay un compromiso real. Puede ser la compra de un curso *online*, la suscripción a un plan prémium o la contratación de un servicio digital. Lo que define este momento es la claridad del paso final y la ausencia de fricciones. Un portátil puede parecer atractivo por sus especificaciones, pero si la tienda *online* exige un registro largo y complicado, el impulso se enfría y la decisión se posterga. Por eso, las empresas que optimizan esta fase suelen simplificar al máximo: menos pasos, más claridad, mensajes que inspiran confianza en el momento justo.

El embudo, sin embargo, no se cierra en la decisión. La etapa de acción y fidelización recuerda que una compra inicial no significa necesariamente una relación consolidada. Es en esta última fase donde las marcas deben demostrar que la promesa inicial se corresponde con la experiencia real. Un gimnasio que ofrece descuentos a quienes renuevan su suscripción está trabajando precisamente este nivel: convertir una transacción aislada en un hábito de permanencia. Amazon Prime, Netflix o Spotify son ejemplos paradigmáticos: han diseñado ecosistemas donde la acción se repite de manera sostenida porque cada interacción refuerza la decisión anterior. La fidelización, en este sentido, no es un efecto espontáneo, sino una construcción estratégica.

Para que el embudo funcione, cada fase debe ser medida. Saber cuántos usuarios entran en *awareness* y cuántos avanzan hasta la decisión permite detectar cuellos de botella. Si miles de personas añaden productos al carrito pero solo unas pocas finalizan la compra, el problema no está en atraer tráfico, sino en resolver la fricción que se presenta en el último tramo. Este análisis permite intervenir en puntos específicos: mejorar la velocidad del sitio, simplificar los formularios, ofrecer recordatorios automáticos. De hecho, el abandono de carrito es uno de los indicadores más estudiados en *e–commerce*, precisamente porque señala un momento crítico en el embudo.

Las herramientas digitales ofrecen un soporte decisivo para analizar este recorrido. Google Analytics, HubSpot o Salesforce permiten rastrear en qué fase se pierden más usuarios, qué dispositivos utilizan, cuánto tiempo permanecen en cada página o qué contenidos generan más interacción. La información, bien interpretada, no es un cúmulo de datos aislados, sino un mapa del comportamiento del usuario. Este mapa orienta a los *community managers* y a los equipos de *marketing* en la optimización continua. Si se detecta que un sesenta por ciento abandona el proceso antes de registrarse, es probable que el formulario esté mal diseñado o que la solicitud de datos genere desconfianza.

El embudo digital debe adaptarse también al entorno móvil. Hoy en día, la mayoría de las interacciones ocurren en pantallas pequeñas, con usuarios que se mueven en contextos de inmediatez. En este escenario, los pasos deben reducirse al mínimo: botones grandes, formularios simples, opciones de pago rápido. Amazon entendió este principio con su diseño de compra en un clic, pensado para que el usuario no pierda tiempo en procesos intermedios. En el entorno móvil, cada segundo cuenta, y cada paso adicional aumenta el riesgo de abandono.

La automatización se ha convertido en una aliada fundamental del embudo. Correos electrónicos automáticos tras un carrito abandonado, recordatorios personalizados según la fase en que se encuentra el usuario, ofertas específicas basadas en comportamiento previo: todo ello acompaña al usuario sin necesidad de intervención manual constante. Esta automatización no debe confundirse con frialdad mecánica. Cuando se aplica con inteligencia y empatía, refuerza la sensación de que la marca está atenta a las necesidades del usuario en cada momento del recorrido.

El embudo no se limita al comercio B2C. En el ámbito B2B, los procesos suelen ser más largos y requieren más fases de confianza. Una empresa que evalúa la contratación de un *software*, por ejemplo, no se decide tras ver un anuncio. Necesita demostraciones, *webinars*, casos de éxito, conversaciones directas. Cada paso suma confianza, hasta que la decisión de compra se vuelve inevitable. Aquí, el embudo se extiende en el tiempo y demanda una narrativa consistente que sostenga la relación durante semanas o incluso meses.

Existen también ejemplos prácticos que muestran con claridad cómo se despliega un embudo digital. Un comercio electrónico de ropa, por ejemplo, puede iniciar con un anuncio en Instagram (*awareness*), llevar al usuario a la web donde explora opciones y lee reseñas (consideración), ofrecer un descuento limitado que facilita la decisión (acción) y, finalmente, enviar correos con novedades y programas de fidelización para prolongar la relación. Cada paso está conectado y cada fase se alimenta de la anterior.

Los errores en la construcción del embudo son igualmente ilustrativos. Exigir registro obligatorio antes de mostrar un producto, multiplicar pasos innecesarios, mantener mensajes incoherentes entre distintos canales o saturar al usuario con solicitudes son prácticas que suelen interrumpir el flujo natural. La clave está en comprender que el embudo no es una imposición mecánica, sino un acompañamiento gradual. El usuario debe sentir que avanza por su propia decisión, no que está siendo empujado a la fuerza.

El embudo, como cualquier estrategia digital, requiere optimización constante. Netflix es un ejemplo elocuente: analiza en qué momentos los usuarios piensan en cancelar y ajusta sus fases de fidelización para reducir esa pérdida. Los recordatorios personalizados, las recomendaciones de series basadas en gustos previos o la posibilidad de compartir cuentas son parte de un diseño que busca mantener a los usuarios en el ciclo el mayor tiempo posible. La revisión constante asegura que el embudo no se convierta en un mecanismo rígido, sino en una estructura flexible que se adapta al comportamiento cambiante de los usuarios.

Comprender el embudo digital no significa solo memorizar sus fases, sino aprender a leerlo como una narrativa. Es la historia de un usuario que pasa de la indiferencia inicial a la confianza plena. Cada fase es un capítulo de esa historia y cada interacción, un párrafo que se suma al relato. El *community manager* debe convertirse en narrador de ese viaje, diseñando experiencias que guíen al usuario sin perder autenticidad ni coherencia.

En este punto, resulta evidente que el embudo no es un fin en sí mismo, sino una herramienta que nos ayuda a ordenar el recorrido. Su valor radica en mostrar con claridad cómo se distribuye la atención, dónde se diluye y cómo puede recuperarse. Es, en última instancia, una radiografía del comportamiento colectivo que revela oportunidades de optimización.

Y sin embargo, el embudo, por sí solo, no basta para sostener relaciones a largo plazo. Nos dice cómo llega un usuario a convertirse en cliente, pero no cómo se siente al hacerlo ni cómo recordará la experiencia. Ahí entra en juego un elemento decisivo que trasciende las métricas y las fases: la experiencia de marca. Porque, al final, más allá del clic y de la compra, lo que determina la permanencia es lo que el usuario vive en cada interacción con la identidad de la marca. Ese será el eje del próximo capítulo.

# Experiencia de marca

Cuando hablamos de experiencia de marca en el entorno digital hablamos de algo que trasciende el producto, el precio o la funcionalidad inmediata. La experiencia de marca es la suma de percepciones, emociones y recuerdos que un usuario construye en cada punto de contacto con una organización. No se limita al momento de la compra ni a la interacción puntual en las redes sociales, es un proceso acumulativo que se compone de cada microinteracción, desde la primera vez que alguien ve un anuncio hasta el instante en que decide recomendar esa marca a otra persona. Es, en definitiva, el relato vivo que el usuario cuenta sobre la marca, tanto a sí mismo como a su comunidad.

La diferencia entre una transacción aislada y una experiencia significativa radica en la capacidad de una marca para generar coherencia. Un cliente que compra un producto puede quedar satisfecho, pero solo se convierte en defensor de la marca si el recorrido completo confirma lo que le prometieron. Pensemos en Zara, que ha sabido integrar el canal *online* con el físico de manera fluida: un usuario puede comprar en la aplicación, recoger en tienda, devolver en cualquiera de los canales y sentir que está dentro de un ecosistema sin costuras. Esa coherencia evita frustraciones y convierte la logística en parte de la experiencia. El producto —una camisa o un pantalón— es solo un fragmento de un proceso más amplio donde la marca demuestra consistencia.

La emoción juega aquí un papel decisivo. Recordamos más las experiencias que nos hicieron sentir algo que las que se limitaron a cumplir una función. Disney ha comprendido este principio como pocas organizaciones: no vende solo entradas a un parque temático, sino la promesa de una vivencia mágica. En el plano digital, esta lógica se traduce en cómo se diseñan las interfaces, en el tono de voz que se usa en los mensajes y en los pequeños detalles que hacen sentir al usuario que forma parte de un mundo especial. Un ejemplo cotidiano puede encontrarse en el *unboxing* de un dispositivo Apple: abrir la caja, tocar el acabado, ver cómo todo encaja con precisión es ya parte de la experiencia, mucho antes de encender el aparato. Esa emoción, cuidadosamente diseñada, deja huella en la memoria del usuario.

El servicio de atención al cliente es otro de los momentos clave que configuran la experiencia. A menudo, las empresas concentran sus esfuerzos en atraer y vender, pero descuidan el acompañamiento posterior. Sin embargo, es en ese acompañamiento donde la marca demuestra si su discurso es auténtico o si solo era un recurso de captación. Amazon ha sabido diferenciarse justamente en este terreno: devolver un producto es sencillo, rápido y sin trabas. Ese gesto transmite confianza y refuerza la percepción de una marca que no abandona al cliente después de la compra. En el terreno digital, la atención al cliente no se mide solo en eficiencia, sino también en empatía: el tono con el que se responde a una consulta puede reforzar o erosionar en segundos todo el capital emocional acumulado.

Las experiencias inmersivas son un terreno fértil para reforzar vínculos. La tecnología ha abierto posibilidades inéditas: realidad aumentada, realidad virtual y entornos híbridos permiten que los usuarios experimenten la marca de maneras que antes eran impensables. IKEA Place, por ejemplo, permite visualizar cómo quedaría un mueble en el propio salón del cliente a través de la cámara del teléfono. No es solo una herramienta funcional, es una invitación a imaginar, a proyectar un futuro compartido con la marca. Esa vivencia deja una huella mucho más profunda que un catálogo plano.

La personalización también se ha convertido en un eje central de la experiencia. Los usuarios ya no esperan un trato genérico, sino que reclaman que cada interacción tenga en cuenta sus gustos, sus necesidades y su contexto. Netflix ofrece un ejemplo paradigmático al personalizar incluso las portadas de las series según los hábitos de cada usuario. Esta personalización no es un detalle cosmético, es la manera en que la plataforma dice: «Te conocemos, te escuchamos y te recomendamos lo que realmente encaja contigo». En esa sintonía radica gran parte de la fidelidad.

Los sentidos desempeñan un papel inesperadamente fuerte en la experiencia de marca. El sonido característico de una notificación de iPhone, el aroma inconfundible en una cafetería de Starbucks o la textura del *packaging* de un producto *gourmet* son elementos que construyen un recuerdo multisensorial. En digital, aunque se limita principalmente a lo visual y auditivo, los detalles sensoriales siguen siendo determinantes: la música de fondo en un anuncio, la paleta de colores de una aplicación, la suavidad con que se desplazan las transiciones en una interfaz. Estos elementos refuerzan la identidad y ayudan a que la marca se incruste en la memoria.

El *storytelling* aporta otra capa decisiva. Cuando Airbnb dice «*Belong anywhere*», no está describiendo solo un servicio de alojamiento, está invitando a formar parte de una historia de pertenencia global. Esa narrativa transforma cada interacción con la plataforma en algo más que una transacción: dormir en casa de alguien desconocido se convierte en participar en una comunidad. El relato dota de sentido a la experiencia y convierte lo ordinario en significativo.

Uno de los momentos más delicados en la experiencia de marca se da cuando las expectativas no coinciden con la realidad. Hay hoteles que muestran fotos demasiado retocadas, restaurantes que publican menús engañosos o aplicaciones que prometen más funciones de las que realmente ofrecen generan una disonancia negativa que erosiona la confianza. La brecha entre expectativa y realidad se traduce en decepción, y esa decepción pesa más que muchas experiencias positivas previas. La psicología del consumidor muestra que una mala experiencia se recuerda con más intensidad y durante más tiempo que una buena, y que se comparte con mayor facilidad en entornos digitales.

De ahí la importancia de medir la experiencia. Las encuestas, las reseñas y las métricas como el *Net Promoter Score* son instrumentos que ayudan a detectar si los usuarios están realmente satisfechos o si arrastran frustraciones ocultas. Uber, por ejemplo, solicita una valoración tras cada viaje, lo que permite corregir rápidamente incidencias y ajustar la calidad del servicio. La medición no garantiza la mejora automática, pero ofrece un espejo constante para no perder contacto con la percepción real del usuario.

Los riesgos de una mala experiencia son claros: en la era digital, la voz del usuario se amplifica en segundos. Un tuit viral, una reseña negativa en TripAdvisor o un vídeo crítico en TikTok pueden poner en entredicho años de construcción de marca. La fragilidad de la reputación digital se explica justamente porque la experiencia de marca no está en manos exclusivas de la empresa, sino que se comparte, se comenta y se resignifica en cada interacción pública.

Sin embargo, también hay ejemplos de excelencia. Apple, nuevamente, es un caso paradigmático: sus tiendas no son simples puntos de venta, son espacios de experiencia donde se invita a probar, experimentar y sentir la marca en primera persona. Otro ejemplo es Sephora, que ha introducido realidad aumentada para que los usuarios se prueben virtualmente productos de maquillaje. Estas innovaciones convierten el proceso de compra en un acto de descubrimiento.

El futuro de la experiencia de marca parece orientarse hacia la integración cada vez más fluida entre lo físico y lo digital. Hay ya marcas que experimentan con metaversos, con eventos híbridos o con personalización avanzada, que muestran que la experiencia ya no se limita a un canal, sino que se extiende como un ecosistema. La innovación tecnológica no sustituye a la emoción humana, pero la amplifica: permite diseñar entornos donde la identidad de la marca se siente más viva que nunca.

En última instancia, la experiencia de marca es la forma más directa de construir identidad. Es la manifestación tangible de lo que la marca promete en su *branding* y lo que realmente cumple en cada interacción. De nada sirve un logo elegante o un eslogan inspirador si la experiencia cotidiana contradice esos símbolos. El *branding* da el marco, pero la experiencia es la obra.

Y aquí aparece el siguiente paso lógico en nuestro recorrido. Si la experiencia de marca es lo que los usuarios viven, el *branding* digital es lo que la marca quiere proyectar de sí misma. En el próximo capítulo exploraremos cómo se construye esa identidad en entornos *online*, cómo se gestionan sus elementos visuales y narrativos, y por qué la coherencia entre lo que se promete y lo que se vive es la base de toda reputación sólida.

## *Branding* y construcción de identidad digital

El recorrido por la experiencia de marca nos ha permitido entender cómo las percepciones y emociones que generan las interacciones influyen directamente en la relación con los usuarios. Sin embargo, esa experiencia necesita un soporte visible, reconocible y coherente: la identidad. El *branding* digital se convierte así en la arquitectura simbólica que sostiene la manera en que las marcas existen en el entorno *online*. No basta con ofrecer un buen servicio ni con construir experiencias memorables; si la identidad no está definida ni se proyecta de manera clara, la relación con el usuario carece de un hilo conductor. En un escenario donde los contactos se multiplican y los estímulos compiten por segundos de atención, la identidad es brújula, ancla y huella.

El *branding* digital es mucho más que un logotipo o una paleta de colores. Aunque estos elementos visuales sean fundamentales, funcionan como la punta de un iceberg que esconde bajo la superficie la narrativa, los valores y la voz que dan sentido a la marca. Una empresa puede diseñar un logotipo atractivo y elegir una tipografía moderna, pero, si esos elementos no se conectan con un relato sólido, corren el riesgo de quedarse en adornos superficiales. El *branding* efectivo integra coherentemente lo que la marca dice de sí misma, lo que el público percibe y la manera en que se comporta en la práctica. Esa coherencia es la que convierte un signo visual en símbolo cargado de significado.

Para comprender esta dimensión, conviene diferenciar entre identidad e imagen. La identidad es lo que la marca afirma ser, la suma de rasgos que elige para definirse: innovación, cercanía, sostenibilidad, prestigio. La imagen, en cambio, es lo que el público interpreta y siente en contacto con la marca. En muchas ocasiones, existe una brecha entre ambas dimensiones: una empresa puede querer proyectar modernidad, pero, si su comunicación es rígida y su servicio lento, la imagen que el público retiene es la de una organización anticuada. Gestionar esa brecha es una de las tareas más delicadas del *branding* digital, porque en la esfera *online* las incoherencias se detectan y difunden rápidamente.

Los elementos visuales tienen un papel central en la construcción de identidad, pero no funcionan de manera aislada. Los colores, las tipografías y los símbolos generan asociaciones inmediatas en la mente de los usuarios: el azul de Facebook evoca estabilidad y confianza; el amarillo de McDonald's, optimismo y rapidez; el *swoosh* de Nike resume en un trazo la idea de movimiento y superación. Estas asociaciones no se producen de forma espontánea, sino que son el resultado de décadas de coherencia en el uso de estos códigos. Un color mal elegido puede transmitir sensaciones equivocadas; una tipografía inconsistente puede romper la armonía visual. En digital, donde los estímulos son efímeros y el reconocimiento debe ser instantáneo, la consistencia visual es clave para permanecer en la memoria.

Sin embargo, la identidad no es solo visual. El tono de voz que una marca adopta en sus comunicaciones es un componente igualmente decisivo. El lenguaje refleja la personalidad: una marca juvenil puede optar por un tono desenfadado y cercano, mientras que una institución financiera preferirá un tono sobrio y técnico. Este tono debe mantenerse coherente en todas las plataformas, desde un tuit hasta un comunicado oficial. La falta de consistencia puede generar desconcierto. Imaginemos una marca que en redes sociales se comunica con humor irónico, pero que en su servicio de atención al cliente utiliza un lenguaje frío y distante; esa discrepancia mina la confianza porque transmite la sensación de que hay una identidad construida artificialmente, sin verdadera autenticidad.

La narrativa de marca es otro de los pilares del *branding* digital. No se trata de inventar historias ficticias, sino de construir un relato coherente que explique quién es la marca, de dónde viene, qué la inspira y hacia dónde se dirige. Apple ha sabido articular su narrativa en torno a la innovación disruptiva y a la creatividad como forma de rebelión frente a lo establecido. Coca–Cola, por su parte, se ha apropiado de la idea de felicidad compartida, convirtiendo su consumo en un símbolo de momentos positivos. Estas narrativas no son accesorios de *marketing*; son hilos que conectan cada acción de comunicación con un propósito mayor. En digital, donde los usuarios buscan autenticidad y sentido, una narrativa bien construida es un elemento diferenciador que convierte mensajes aislados en parte de un relato más amplio.

La dimensión emocional del *branding* digital merece una atención especial. Una marca no solo compite con sus rivales en términos de precio o calidad, sino también en la capacidad de conectar con sentimientos. El *branding* emocional es el que logra que el público asocie un producto con una experiencia vital. Red Bull no vende solo bebidas energéticas, sino la emoción de vivir al límite. Disney no comercializa entradas, sino experiencias mágicas. En un ecosistema saturado de ofertas, las emociones son las que construyen vínculos duraderos, porque apelan a un nivel más profundo que los argumentos racionales.

La coherencia es un principio transversal en todo el *branding* digital. Los usuarios esperan encontrar la misma identidad en la web oficial, en las redes sociales, en una aplicación móvil y en un evento presencial. Si una empresa se muestra ecológica en Instagram pero utiliza envases plásticos de un solo uso en su tienda física, esa incoherencia daña la credibilidad. Mantener una identidad consistente no significa repetirse mecánicamente, sino adaptar el mensaje y el formato al canal sin perder los rasgos esenciales. Esa adaptación inteligente refuerza la confianza porque transmite la idea de solidez y de autenticidad.

Por el contrario, la incoherencia es uno de los mayores riesgos para la identidad de marca. Los cambios arbitrarios en el logotipo, las variaciones de tono sin explicación o las contradicciones entre discurso y práctica generan confusión y erosionan el reconocimiento. En digital, donde los usuarios comparten y comentan con rapidez los errores de *branding* se amplifican con facilidad. Una identidad fragmentada no solo dificulta el recuerdo, sino que transmite la sensación de improvisación o de falta de dirección estratégica.

El *branding* digital no es exclusivo de las grandes corporaciones. Las personas también construyen marcas personales en entornos *online*. Un profesional que comparte contenido en LinkedIn, que publica artículos en un blog o que cuida su presencia en conferencias está proyectando una identidad digital que influye en cómo se le percibe. En muchos casos, la marca personal y la corporativa interactúan. Elon Musk, por ejemplo, es una figura cuya marca personal impacta directamente en la percepción de Tesla y SpaceX. La interdependencia entre identidades individuales y colectivas es cada vez más común en un ecosistema donde lo humano y lo institucional se entrelazan.

Los ejemplos de *branding* exitoso permiten ilustrar cómo una identidad bien gestionada puede trascender los productos concretos para convertirse en cultura. Google ha conseguido que su nombre sea sinónimo de «buscar en internet». Nike ha convertido su eslogan *«Just do it»* en una filosofía de vida asociada a la superación personal. En estos casos, la marca deja de ser un intermediario entre producto y consumidor para convertirse en símbolo cultural. Esa trascendencia no se improvisa: es fruto de décadas de coherencia, innovación y conexión emocional.

La reputación digital está íntimamente ligada al *branding*. Una identidad sólida funciona como un escudo frente a crisis, porque el público tiende a interpretar los errores como incidentes puntuales y no como reflejo de incoherencia estructural. Las marcas que comunican con transparencia y que responden con rapidez en situaciones críticas refuerzan su identidad en lugar de deteriorarla. La relación entre *branding* y reputación es circular: la identidad bien definida alimenta la confianza, y esa confianza protege la identidad en momentos de dificultad.

Las herramientas digitales han facilitado la gestión del *branding*. Hay plataformas como Canva o Figma que permiten diseñar y mantener consistencia visual de manera accesible. Los sistemas de gestión de contenidos facilitan la distribución coherente de mensajes en múltiples canales. Estas herramientas no reemplazan la estrategia, sino que la potencian, al reducir los riesgos de improvisación y al garantizar que la identidad se conserve incluso en campañas rápidas o en comunicaciones de gran volumen.

La experiencia de usuario es otra dimensión donde el *branding* se manifiesta. No basta con que una marca declare valores de cercanía o de simplicidad, sino que esos valores deben reflejarse en la forma en que el usuario interactúa con sus plataformas. Airbnb transmite calidez y pertenencia no solo a través de su narrativa, sino también mediante una interfaz que prioriza la hospitalidad visual y la facilidad de uso. La identidad se vive tanto en las palabras como en los gestos prácticos que definen la interacción.

En la actualidad, el *branding* digital también se expande hacia territorios innovadores. La realidad aumentada, los NFT o las experiencias inmersivas en metaversos son nuevos espacios donde las marcas experimentan para reforzar su identidad. Gucci, por ejemplo, ha lanzado colecciones digitales exclusivas en plataformas virtuales, ampliando su universo simbólico más allá de la moda física. Estas iniciativas muestran que la identidad no está limitada a los canales tradicionales, sino que puede proyectarse en cualquier entorno donde haya interacción humana.

En última instancia, el *branding* digital no es un ejercicio decorativo, sino un proceso de construcción de sentido. Una marca que invierte en definir y proyectar su identidad está construyendo un lenguaje compartido con sus usuarios. Ese lenguaje es el que permite que cada interacción, cada campaña y cada experiencia se integren en un relato coherente. La identidad es, en este sentido, el hilo invisible que conecta la emoción de la experiencia de marca con la percepción pública a largo plazo.

El camino que se abre a partir de aquí es claro: si el *branding* da forma a la identidad y la proyecta en los distintos canales, la reputación *online* se convierte en el terreno donde esa identidad se pone a prueba. Las percepciones colectivas, los comentarios, las reseñas y las crisis marcan el pulso de cómo una marca es interpretada en el espacio digital. El siguiente capítulo nos permitirá adentrarnos en esa dimensión crítica donde la coherencia del *branding* se enfrenta al juicio incesante de la comunidad *online*.

## Gestión de reputación *online*

Si el *branding* construye identidad y la proyecta con coherencia, la reputación *online* es el espejo donde esa identidad se refleja de manera colectiva. Una marca puede definir con precisión sus valores, narrar historias inspiradoras y diseñar experiencias memorables, pero en la esfera digital la última palabra no siempre le pertenece. Los usuarios, a través de comentarios, reseñas, menciones y conversaciones, componen una percepción compartida que a menudo se convierte en el verdadero rostro público de la marca. La reputación *online* no es un accesorio que se pueda añadir o quitar a voluntad, sino la suma dinámica de interacciones, expectativas cumplidas o defraudadas, y narrativas que circulan en tiempo real.

Comprender la reputación en el entorno digital implica asumir que vivimos en un ecosistema de transparencia radical. Antes, una experiencia negativa podía quedar en la esfera privada de una conversación familiar; hoy, basta con un tuit o una reseña viral para amplificar el alcance a millones de personas. Este escenario no significa que la reputación sea incontrolable, sino que requiere una gestión proactiva y constante. La vigilancia pasiva ya no es suficiente: las marcas necesitan escuchar activamente, identificar patrones de percepción y actuar antes de que un problema se convierta en crisis.

Los factores que moldean la reputación *online* son múltiples y a menudo escapan al control directo de las marcas. Los comentarios en redes sociales, las evaluaciones en plataformas como TripAdvisor o Trustpilot, los artículos en medios digitales, las reseñas en Google Maps o los hilos en foros especializados aportan cada uno piezas al mosaico de percepción. Un cliente satisfecho que deja una reseña positiva puede reforzar la credibilidad de una empresa más que cualquier campaña publicitaria. En cambio, un cliente insatisfecho puede erosionar la confianza de manera desproporcionada si su experiencia se convierte en relato compartido. La reputación es, en este sentido, un capital simbólico que se construye poco a poco y se arriesga en cada interacción.

La escucha activa es el primer paso para gestionar la reputación *online*. No se trata únicamente de monitorear menciones con herramientas como Hootsuite, Talkwalker o Brandwatch, sino de interpretar lo que esos datos significan en términos de emociones, expectativas y tendencias. Detectar un aumento repentino de menciones negativas, por ejemplo, permite anticipar un problema antes de que estalle. Pero la escucha debe ir más allá de lo cuantitativo: implica leer entre líneas, entender ironías, captar la atmósfera emocional que se construye alrededor de la marca. En digital, la reputación no se mide solo en números, sino en tonos, matices y contextos.

Responder a comentarios negativos es una de las prácticas más delicadas y a la vez más efectivas. El silencio o la eliminación de críticas suele interpretarse como indiferencia o censura, mientras que una respuesta empática y rápida transforma la percepción. Un cliente que recibe una solución personalizada no solo reconsidera su opinión, sino que puede convertirse en defensor activo de la marca. Iberia, por ejemplo, ha desarrollado un modelo de atención en redes que prioriza la rapidez de respuesta y la empatía en el trato, minimizando el impacto de las quejas públicas. Este tipo de acciones no borran el error, pero demuestran compromiso con la mejora.

La transparencia es otro de los pilares de la reputación digital. Las marcas que intentan ocultar problemas, negar evidencias o culpar a terceros suelen ver multiplicado el impacto negativo. En cambio, aquellas que admiten errores, explican las causas y ofrecen soluciones visibles fortalecen su credibilidad. Durante la pandemia, muchas empresas optaron por comunicar con claridad las dificultades logísticas y los plazos inciertos en lugar de prometer lo imposible. Esa honestidad, aunque mostrara vulnerabilidad, generó respeto porque situaba al usuario como interlocutor válido y no como destinatario pasivo de excusas.

El papel de los medios digitales en la reputación es ambivalente. Un reportaje favorable puede reforzar la imagen de una marca durante años, mientras que una publicación crítica puede generar un daño profundo. Uber experimentó cómo un artículo negativo en un medio global repercutía en su reputación en múltiples mercados, obligándola a replantear su comunicación y sus políticas de servicio. En este contexto, la gestión de relaciones públicas y la construcción de vínculos con medios siguen siendo relevantes, pero se complementan con la necesidad de mantener conversaciones directas con las comunidades digitales.

Un aspecto fascinante de la reputación *online* es que no depende solo de la marca ni de los medios: los propios usuarios actúan como defensores espontáneos. Las comunidades de Apple, por ejemplo, han llegado a justificar fallos técnicos argumentando que eran parte del proceso de innovación. Esta lealtad no se construye en el vacío; surge de años de consistencia y de la capacidad de la marca para generar sentido de pertenencia. Cuando los usuarios se sienten parte de una identidad colectiva, defienden la reputación de la marca como si fuera propia.

Las estrategias proactivas resultan más efectivas que las reactivas. Crear contenidos de valor, ofrecer datos verificables, compartir buenas prácticas y mostrar transparencia de manera constante construyen un colchón reputacional que amortigua las críticas. Hay oenegés como Médicos Sin Fronteras que han demostrado que la publicación periódica de informes de transparencia no solo fortalece la confianza, sino que convierte la rendición de cuentas en parte de la identidad institucional. Esta proactividad transmite seguridad porque muestra que la organización no tiene nada que ocultar y que se somete voluntariamente al escrutinio público.

Los casos de crisis mal gestionadas son ilustrativos de lo que está en juego. United Airlines protagonizó uno de los episodios más citados en la última década cuando un pasajero fue expulsado violentamente de un vuelo. Las imágenes se viralizaron. La reacción inicial de la compañía, defensiva y poco empática, amplificó el daño y convirtió un incidente puntual en un símbolo de maltrato corporativo. En contraste, casos de éxito como el de KFC en Reino Unido, que respondió con humor y autocrítica a una crisis de desabastecimiento de pollo, muestran que incluso en momentos críticos una gestión acertada puede reforzar la reputación en lugar de dañarla.

La medición de la reputación *online* exige métricas más allá de la mera cantidad de menciones. El análisis de sentimiento, el *share of voice* (proporción de conversación en relación con competidores) y el *Net Promoter Score* (NPS) son indicadores clave. Sin embargo, lo más importante es entender cómo se distribuyen esas percepciones entre distintos segmentos de usuarios. Una marca puede ser muy apreciada por jóvenes pero criticada por adultos, o valorada en un país y cuestionada en otro. La gestión de reputación no puede basarse en promedios globales, sino atender a las diferencias culturales, demográficas y contextuales.

La reputación en entornos B2B (*business to business*) añade una capa adicional de complejidad. En estos casos, la confianza se construye a partir de la credibilidad profesional y de la calidad comprobada de los servicios. Publicar estudios, casos de éxito y testimonios de clientes empresariales refuerza la reputación más que una campaña emocional. Aquí, la transparencia y la solidez técnica son tan relevantes como la capacidad de comunicar valores.

Ignorar la reputación o responder tarde puede ser letal. El silencio frente a críticas persistentes se interpreta como desprecio y la desatención en redes sociales conduce a la pérdida de usuarios que no se sienten escuchados. Muchas empresas han aprendido demasiado tarde que la gestión de reputación no es un añadido, sino parte esencial de su supervivencia en digital.

En última instancia, la reputación *online* es un organismo vivo que se alimenta de cada interacción y que se transforma con rapidez. No es un atributo estático, sino un flujo de percepciones que se construyen, se erosionan y se reconstruyen constantemente. Gestionarla exige escucha, transparencia, empatía y proactividad. La identidad definida por el *branding* puede orientar el camino, pero es en la arena pública de lo digital donde esa identidad se valida o se cuestiona.

El siguiente paso natural nos lleva a un terreno delicado y estratégico: el manejo de crisis digitales. Si la reputación es la percepción colectiva en condiciones normales, las crisis son el momento en que esa percepción se pone a prueba en su límite. Entender cómo anticiparlas, gestionarlas y aprender de ellas será clave para proteger y, en ocasiones, incluso fortalecer la reputación en tiempos de turbulencia.

# Manejo de las crisis digitales

Las crisis digitales son momentos de tensión en los que la reputación de una marca se pone a prueba en condiciones de máxima visibilidad y velocidad. A diferencia de las crisis tradicionales, que podían desarrollarse en plazos más largos y en circuitos de comunicación relativamente controlados, en el ecosistema digital todo ocurre en tiempo real y bajo la mirada de miles o millones de usuarios conectados. Un error en la comunicación, un problema en el servicio o un ataque externo puede escalar en cuestión de horas hasta convertirse en tema de conversación global. Por eso, más que preguntarse si una marca se enfrentará a una crisis, la cuestión central es cuándo ocurrirá y cómo estará preparada para gestionarla.

Existen múltiples tipos de crisis digitales. Algunas derivan de fallos internos, como errores de atención al cliente, fallos técnicos o problemas en la cadena de suministro. Otras provienen de acciones externas, como ciberataques, boicots organizados o rumores falsos difundidos en redes. También hay crisis comunicativas, en las que una campaña mal diseñada o un mensaje malinterpretado desencadenan rechazo masivo. Cada tipo exige un abordaje distinto, pero todas comparten un elemento común: ponen en jaque la confianza del público.

La velocidad de respuesta es crítica. En digital, las primeras horas determinan el alcance del daño. Un silencio prolongado o un mensaje tardío suele interpretarse como desinterés o falta de control. Al contrario, una comunicación temprana, incluso si no ofrece todas las respuestas, transmite responsabilidad y compromiso. «Estamos investigando el problema, informaremos con actualizaciones cada hora» puede ser más eficaz que un comunicado perfecto emitido demasiado tarde. La rapidez, sin embargo, debe ir acompañada de coherencia: no sirve publicar mensajes contradictorios o improvisados que agraven la confusión.

El plan de crisis es la herramienta básica para enfrentarse a estos escenarios. Elaborar protocolos con antelación permite reaccionar con orden y no desde la improvisación. Un buen plan define posibles escenarios, establece quién debe hablar, qué canales se usarán, cuáles son los mensajes iniciales y cómo se coordinarán los equipos. Este tipo de preparación reduce el caos y otorga seguridad tanto al público como a los propios empleados. Las empresas con planes de crisis claros pueden convertir un incidente en una oportunidad para mostrar profesionalidad y transparencia.s

El equipo de gestión de crisis debe ser multidisciplinar. Incluir comunicación, legal, atención al cliente, tecnología y liderazgo ejecutivo asegura una visión integral de los problemas y evita que cada área actúe de manera aislada. La coordinación es esencial para que la narrativa sea única y coherente. Si el departamento técnico comunica un mensaje distinto al de la atención al cliente, la percepción pública será de desorganización y debilidad. La unidad de discurso, en cambio, proyecta solidez en medio de la turbulencia.

Durante una crisis digital, la transparencia y la empatía se convierten en pilares. Reconocer los hechos, explicar lo que se sabe y lo que aún se está investigando, y mostrar sensibilidad hacia quienes se ven afectados, refuerza la credibilidad. Las disculpas bien formuladas, acompañadas de acciones concretas de reparación, pueden incluso transformar la percepción negativa en una relación más sólida a largo plazo. Por el contrario, negar responsabilidades, culpar a otros o intentar ocultar información suele amplificar la indignación y agravar el daño reputacional.

Los errores más comunes en la gestión de crisis digitales son el silencio, la negación y la censura. Borrar comentarios negativos o bloquear a usuarios críticos rara vez resuelve el problema; al contrario, suele provocar reacciones de mayor rechazo. Las audiencias digitales perciben estas prácticas como intentos de manipulación y, en consecuencia, amplifican la crítica. La memoria digital, además, dificulta borrar huellas: capturas de pantalla y archivos compartidos en segundos perpetúan los errores más allá del control de la marca.

Los casos reales ilustran tanto fracasos como aciertos. United Airlines se convirtió en ejemplo de gestión deficiente cuando, tras un incidente de violencia contra un pasajero, su primera reacción fue defensiva y carente de empatía. El daño reputacional fue inmediato y global. En contraste, KFC en Reino Unido sufrió una crisis en 2018 cuando se quedó sin pollo en restaurantes. En lugar de ocultar el problema, lanzó una campaña con humor y autocrítica que incluía anuncios impresos con el logo alterado («FCK»). La reacción fue celebrada como ingeniosa y honesta, transformando una situación potencialmente desastrosa en un refuerzo de identidad.

Las herramientas de escucha activa juegan un papel crucial para detectar crisis en su fase inicial. Las plataformas de *social listening* permiten identificar picos de menciones negativas, palabras clave asociadas a malestar o la propagación de rumores antes de que se conviertan en tendencia. Detectar a tiempo no solo ahorra reputación, también reduce costos operativos, pues gestionar un problema incipiente es mucho más sencillo que reparar una crisis ya viralizada.

La cultura digital añade un componente singular: los memes. En ocasiones, un error corporativo se transforma en material humorístico compartido masivamente. Aunque los memes pueden agravar la visibilidad de la crisis, también ofrecen la oportunidad de canalizar la tensión, si la marca logra integrarse en la conversación con ingenio y respeto. El humor, en este sentido, debe calibrarse con cuidado: puede humanizar, pero también trivializar si se aplica en exceso o en contextos inadecuados.

Superar una crisis no termina cuando se apagan los focos mediáticos. La fase de recuperación es clave para reconstruir la confianza. Esto implica implementar mejoras visibles, comunicar aprendizajes y mantener la conversación abierta. Los usuarios valoran cuando una marca no solo pide disculpas, sino que demuestra cambios reales a partir del error. Cada crisis debe convertirse en un banco de aprendizaje que fortalezca la resiliencia organizacional y mejore los protocolos futuros.

En definitiva, la gestión de crisis digitales es una prueba de fuego para el *community management* y las relaciones públicas en el siglo XXI. No se trata solo de contener daños, sino de demostrar valores, coherencia y capacidad de adaptación en momentos de máxima exposición. Una crisis puede ser devastadora si se gestiona con torpeza, pero también puede convertirse en oportunidad para mostrar autenticidad, reforzar vínculos y proyectar liderazgo.

El siguiente capítulo nos lleva a un terreno más prospectivo: las tendencias emergentes en relaciones públicas digitales. Si las crisis revelan los puntos débiles del presente, las tendencias apuntan hacia los escenarios del futuro. Entender cómo evolucionarán las prácticas de comunicación y qué retos éticos y tecnológicos se avecinan permitirá a los profesionales anticiparse y prepararse para un entorno cada vez más complejo.

# Tendencias futuras en relaciones públicas digitales

Las relaciones públicas digitales no son una disciplina estática. Su evolución en apenas dos décadas refleja hasta qué punto la tecnología y la cultura de la comunicación han transformado las formas en que las marcas interactúan con sus públicos. Pasamos de los comunicados de prensa en papel y las notas corporativas rígidas a la inmediatez de un tuit, la viralidad de un vídeo en TikTok o la personalización algorítmica de un correo automatizado. Este cambio de paradigma no es simplemente técnico, es también cultural. La velocidad, la transparencia y la capacidad de personalizar en masa se han convertido en los ejes de un nuevo modelo de comunicación que exige una preparación constante.

Uno de los vectores más influyentes en el futuro de las relaciones públicas digitales es la inteligencia artificial. Las herramientas basadas en IA ya analizan datos a gran escala, detectan tendencias en tiempo real y sugieren contenidos que pueden aumentar la interacción. Los *chatbots*, por ejemplo, han revolucionado la atención básica al cliente, respondiendo en segundos a consultas que antes tardaban horas o días en ser resueltas. Pero el uso de la IA también plantea interrogantes: ¿hasta qué punto delegar decisiones comunicativas a algoritmos puede comprometer la empatía o la autenticidad? La clave estará en encontrar un equilibrio en el que la eficiencia tecnológica no sustituya la sensibilidad humana, sino que la potencie.

La automatización, íntimamente relacionada con la IA, abre la posibilidad de combinar la comunicación masiva con la personalización extrema. Hay plataformas de *e-mail marketing* que permiten enviar mensajes a millones de usuarios, adaptando cada uno al historial, los intereses o la ubicación del destinatario. La personalización, que antes parecía exclusiva de pequeños grupos, hoy se logra en escalas impensables. Sin embargo, esta capacidad conlleva también un riesgo: la saturación. Los usuarios toleran la personalización cuando aporta valor, pero la rechazan cuando invade su privacidad o resulta invasiva. Por eso, el futuro de la automatización en las relaciones públicas digitales deberá avanzar con ética, transparencia y criterios claros de respeto a los datos personales.

Las experiencias inmersivas, apoyadas en la realidad aumentada y el metaverso, empiezan a marcar un nuevo horizonte. Hay marcas globales que experimentan con espacios virtuales donde los consumidores no solo reciben mensajes, sino que interactúan en entornos digitales tridimensionales. Participar en un evento dentro de Roblox, asistir a un desfile en el metaverso o probar maquillaje con realidad aumentada en una aplicación son prácticas que apuntan a un futuro en el que la comunicación de marca se confunde con la experiencia misma. Aquí, las relaciones públicas se amplían más allá de los medios tradicionales para abarcar espacios de convivencia digital que antes pertenecían solo a la ficción.

Los *influencers* virtuales representan otro fenómeno emergente. Los avatares digitales creados y gestionados por empresas acumulan millones de seguidores en las redes sociales. Lil Miquela, por ejemplo, colabora con marcas globales a pesar de ser un personaje inexistente en el mundo físico. Estos *influencers* artificiales permiten un control absoluto sobre el mensaje, pero también generan debates éticos sobre la autenticidad y la transparencia. ¿Hasta qué punto es legítimo establecer vínculos emocionales con una figura que no existe? Este será uno de los dilemas más relevantes en la intersección entre creatividad digital y responsabilidad comunicativa.

La sostenibilidad, en cambio, es un factor que conecta el presente con el futuro de manera transversal. Los usuarios demandan marcas que asuman compromisos claros en lo social y lo ambiental, y las relaciones públicas digitales se convierten en el escenario privilegiado para comunicar esos compromisos. No basta con decir, es necesario demostrar con hechos, datos y narrativas que respalden la coherencia de la organización. Marcas como Patagonia han construido su identidad alrededor de la sostenibilidad, y ese ejemplo marcará la pauta de las relaciones públicas en los próximos años. Comunicar impacto será tan importante como comunicar producto.

En paralelo, emergen nuevos formatos narrativos. *Podcasts*, *newsletters* interactivas, transmisiones en vivo y vídeos ultracortos diversifican las formas de llegar al público. TikTok, con sus narrativas de 15 segundos, ha demostrado que los contenidos breves pueden ser persuasivos y virales, especialmente entre audiencias jóvenes. Sin embargo, la brevedad no debe confundirse con superficialidad: los formatos cortos pueden transmitir mensajes profundos si están bien diseñados. La capacidad de sintetizar y emocionar en pocos segundos será una de las competencias más demandadas en el futuro de la comunicación digital.

Las comunidades descentralizadas impulsadas por tecnologías Web3 también plantean una transformación radical. En lugar de depender exclusivamente de las marcas, estas comunidades se autogestionan a través de modelos participativos como las DAO (organizaciones autónomas descentralizadas). En estos espacios, los propios usuarios toman decisiones colectivas sobre la dirección de un proyecto o la estrategia de comunicación. Esto redefine las relaciones públicas como un ejercicio de escucha y acompañamiento más que de control, desafiando las nociones tradicionales de autoridad en la comunicación corporativa.

No obstante, el futuro también trae consigo nuevos retos éticos. La manipulación de datos, la desinformación y las vulnerabilidades en privacidad son problemas que ya se manifiestan y que se intensificarán con el avance de las tecnologías. Escándalos como el de Cambridge Analytica mostraron el costo de usar los datos de manera opaca y manipuladora. Las relaciones públicas digitales deberán integrar la ética como pilar central, no como añadido, si quieren sostener la confianza de usuarios cada vez más vigilantes y críticos.

La innovación en las relaciones públicas digitales se observa en casos que, a primera vista, parecen anecdóticos, pero que anticipan tendencias. Nike lanza zapatillas digitales en el metaverso, Gucci experimenta con artículos de lujo virtuales, algunas universidades ofrecen clases en mundos inmersivos... Todos son ejemplos de cómo las marcas empiezan a expandir su identidad más allá de lo físico. En este futuro, el *community manager* ya no será un mero gestor de redes, sino un estratega integral capaz de diseñar experiencias transmedia, coordinar comunidades descentralizadas y equilibrar la creatividad con la ética.

La preparación para ese futuro exige formación continua. Lo que hoy es innovación, mañana será estándar. Hay universidades y centros de formación que ya incluyen asignaturas sobre el metaverso, la inteligencia artificial aplicada a la comunicación y la ética digital. La velocidad de cambio obliga a que los profesionales actualicen constantemente sus competencias, no solo técnicas, sino también culturales y críticas. Quien entienda los códigos de la comunicación digital no como herramientas pasajeras, sino como expresiones de la cultura contemporánea, tendrá más posibilidades de adaptarse a un futuro que se redefine cada año.

Al concluir este recorrido, resulta evidente que las tendencias futuras en relaciones públicas digitales no apuntan hacia un único camino, sino hacia una multiplicidad de escenarios donde conviven innovación tecnológica, exigencia ética y nuevas formas de interacción. El reto no es elegir entre ellos, sino aprender a navegar esa complejidad con criterio, sensibilidad y creatividad.

Lo digital ya no es un complemento de la comunicación, es su escenario principal. En ese escenario, el futuro se construirá con decisiones que mezclan datos, emociones, innovación y, sobre todo, responsabilidad.

Con este capítulo se cierra el módulo III. Pero, más que un cierre, se abre una transición hacia el próximo módulo, en el que exploraremos cómo esas transformaciones impactan en otras áreas de la gestión digital y qué nuevos desafíos esperan a quienes asumen la tarea de comunicar en el siglo XXI.

## Hacia una comunicación digital con propósito

El recorrido por este módulo nos ha mostrado que el *community management* y las relaciones públicas digitales ya no pueden pensarse como piezas accesorias dentro de la estrategia de comunicación de una organización. Hemos transitado desde la identificación de públicos hasta la construcción de comunidades, desde la comunicación persuasiva hasta las tácticas de *engagement*, desde la conversión hasta el *branding*, la gestión de reputación y las tendencias que se proyectan hacia el futuro. Cada etapa se fue encadenando con la siguiente como eslabones de una misma cadena que sostiene el vínculo entre las marcas y las personas.

Lo que queda claro es que la tarea del profesional digital no consiste en mover botones ni en repetir fórmulas, sino en comprender cómo se generan los significados, cómo se construyen las relaciones y cómo se sostienen en un entorno donde todo cambia con rapidez. El *community manager* se convierte así en intérprete cultural y mediador social, alguien que equilibra métricas y emociones, datos y relatos, objetivos comerciales y necesidades humanas.

Este módulo también deja ver que la comunicación digital exige una ética renovada. La persuasión y el *engagement* no son sinónimos de manipulación, sino de responsabilidad en el modo de plantear mensajes y experiencias. La personalización no puede ser excusa para invadir la intimidad, ni la innovación puede construirse a costa de perder autenticidad. En un escenario donde la confianza es el activo más frágil y más valioso, la ética no es un lujo opcional, sino la condición misma de la permanencia.

El cierre de este bloque no es un punto final, sino un puente hacia los nuevos contenidos que exploraremos en el siguiente módulo. Si hasta ahora nos hemos centrado en la relación directa entre marcas y comunidades digitales, el próximo paso será comprender cómo esas prácticas se integran en proyectos más amplios de gestión, innovación y desarrollo estratégico. De esta forma, el módulo III se despide dejando un horizonte abierto: el de una comunicación digital que seguirá reinventándose, y que exige de quienes la practican un compromiso constante con la creatividad, la escucha y la adaptación.

## Anexo I. Cuestionario

1. ¿Qué elemento es esencial en un *briefing* para una campaña digital?

a) El logotipo en formato vectorial.
b) La descripción detallada de la competencia.
c) El cronograma de fases, responsables y tiempos. responsables y tiempos.
d) La lista completa de *hashtags* más usados.

2. ¿Cuál de estas fases NO pertenece al proceso de planificación estratégica de comunicación digital?

a) Definición de objetivos.
b) Identificación del *target*.
c) Evaluación postcampaña.
d) Compra directa de medios tradicionales.

3. Cuando se habla de ecosistema digital se hace referencia a:

a) Las plataformas de *streaming* más populares.
b) El conjunto de actores, canales y tecnologías que interactúan en el entorno *online*.
c) Las empresas que desarrollan *software* de gestión.
d) Las redes sociales más usadas por adolescentes.

4. ¿Cuál es una diferencia clave entre objetivos SMART y objetivos generales?

a) Los SMART son medibles y concretos.
b) Los generales se centran en microconversiones.
c) Los SMART siempre requieren herramientas de pago.
d) Los generales se usan solo en publicidad *offline*.

5. ¿Qué concepto define mejor la propuesta de valor de una marca?

a) La lista de productos y servicios que ofrece.
b) La promesa diferenciadora que explica por qué elegirla frente a la competencia.
c) El precio competitivo que mantiene en el mercado.
d) La estrategia de posicionamiento en buscadores.

6. Una comunidad digital fuerte se caracteriza por:

a) Alta inversión en publicidad pagada.
b) Constancia en la publicación, interacción genuina y sentido de pertenencia.
c) Exclusividad en plataformas cerradas.
d) Uniformidad absoluta de opiniones.

7. ¿Cuál de estas afirmaciones describe mejor la comunicación persuasiva?

a) Obliga al usuario a actuar.
b) Transforma información en significados que conectan emocionalmente.
c) Evita cualquier recurso narrativo o emocional.
d) Se basa solo en datos estadísticos.

8. Según Cialdini, ¿qué principio persuasivo se activa al ofrecer algo de valor antes de pedir algo a cambio?

a) Escasez.
b) Autoridad.
c) Reciprocidad.
d) Simpatía.

9. El *engagement* en redes sociales NO se mide únicamente por:

a) Número de comentarios.
b) Tiempo de permanencia.
c) Cantidad de me gusta superficiales.
d) Participación activa en dinámicas de comunidad.

10. ¿Qué ejemplo refleja un uso de gamificación en plataformas digitales?

a) Publicar un tuit con un *hashtag* viral.
b) Dar recompensas y niveles en el aprendizaje de idiomas.
c) Crear un anuncio en formato de vídeo corto.
d) Lanzar un comunicado oficial en prensa.

11. La reputación digital se construye principalmente a través de:

a) Campañas masivas de publicidad en televisión.
b) La coherencia entre discurso y práctica de la marca en canales *online*.
c) El número de cuentas verificadas que sigue la empresa.
d) La cantidad de descargas de la *app* corporativa.

12. Un error frecuente en la comunicación digital es:

a) Apostar por la autenticidad.
b) Publicar de manera intermitente y sin cadencia.
c) Escuchar activamente a la comunidad.
d) Personalizar los mensajes.

13. ¿Cuál de estas acciones corresponde a una táctica de fidelización digital?

a) Crear membresías con acceso anticipado a productos.
b) Incrementar el gasto en anuncios programáticos.
c) Usar constantemente mensajes de urgencia.
d) Repetir contenidos sin adaptación al público.

14. ¿Qué indicador resulta más fiable para medir *engagement* real?

a) Número total de seguidores.
b) Cantidad de *likes* en una publicación.
c) Retención de vídeo hasta el final.
d) *Hashtags* más repetidos.

15. En la definición del *target group*, un error común es:

a) Segmentar en base a intereses y hábitos.
b) Usar únicamente variables sociodemográficas superficiales.
c) Combinar datos cuantitativos y cualitativos.
d) Considerar el contexto digital de los usuarios.

16. ¿Qué significa el concepto de social *listening*?

a) Escuchar canciones en plataformas digitales.
b) Analizar conversaciones *online* para comprender percepciones y tendencias.
c) Vigilar únicamente los comentarios negativos de clientes.
d) Controlar la frecuencia de publicaciones.

17. ¿Qué diferencia existe entre notoriedad de marca y experiencia de marca?

a) La notoriedad mide reconocimiento, la experiencia abarca vivencias emocionales y funcionales.
b) La notoriedad se limita a métricas *offline*, la experiencia solo a métricas *online*.
c) La experiencia depende exclusivamente del precio del producto.
d) La notoriedad siempre está ligada al *branding* visual.

18. El *storytelling* es eficaz porque:

a) Reduce los costos de publicidad.
b) Se centra exclusivamente en el producto físico.
c) Permite transmitir valores a través de narrativas emocionales.
d) Obliga a la audiencia a recordar un eslogan.

19. ¿Qué factor amenaza más la autenticidad en la comunicación digital?

a) Reconocer errores públicamente.
b) Mostrar procesos internos reales.
c) Colaboraciones con *influencers* sin coherencia de valores.
d) Uso de un tono cercano en redes sociales.

20. Una estrategia digital sostenible en el tiempo requiere:

a) Constancia, escucha activa y adaptación a cambios.
b) Uso intensivo de anuncios con urgencia.
c) Publicar el mismo contenido en todas las plataformas.
d) Evitar medir métricas de interacción para no saturar.

# Anexo II. Solucionario

1. c) El cronograma de fases, responsables y tiempos.
2. d) Compra directa de medios tradicionales.
3. b) El conjunto de actores, canales y tecnologías que interactúan en el entorno *online*.
4. a) Los SMART son medibles y concretos.
5. b) La promesa diferenciadora que explica por qué elegirla frente a la competencia.
6. b) Constancia en la publicación, interacción genuina y sentido de pertenencia.
7. b) Transforma información en significados que conectan emocionalmente.
8. c) Reciprocidad.
9. c) Cantidad de me gusta superficiales.
10. b) Dar recompensas y niveles en el aprendizaje de idiomas.
11. b) La coherencia entre discurso y práctica de la marca en canales *online*.
12. b) Publicar de manera intermitente y sin cadencia.
13. a) Crear membresías con acceso anticipado a productos.
14. c) Retención de vídeo hasta el final.
15. b) Usar únicamente variables sociodemográficas superficiales.
16. b) Analizar conversaciones *online* para comprender percepciones y tendencias.
17. a) La notoriedad mide reconocimiento, la experiencia abarca vivencias emocionales y funcionales,
18. c) Permite transmitir valores a través de narrativas emocionales.
19. c) Colaboraciones con *influencers* sin coherencia de valores.
20. a) Constancia, escucha activa y adaptación a cambios.

# Anexo III. Ejercicios

## Módulo I. Fundamentos del *community management*

Conceptual: explica con tus palabras qué significa ecosistema digital y menciona al menos tres actores clave que lo integran. Justifica por qué es importante que un *community manager* los conozca.

Procedimental: diseña un esquema sencillo que muestre el flujo de comunicación entre una marca y sus públicos en redes sociales (entrada, procesamiento y salida de mensajes).

Actitudinal: reflexiona sobre tu propio uso de las redes sociales: ¿en qué medida crees que tu manera de interactuar refleja responsabilidad digital? Redacta un párrafo con ejemplos concretos.

## Módulo II. Estrategias y construcción de comunidad

Conceptual: define qué es una propuesta de valor y explica la diferencia entre esta y un simple eslogan publicitario.

Procedimental: crea un perfil detallado de un posible miembro de comunidad para una marca educativa *online* (edad, intereses, motivaciones, comportamientos digitales) y redacta un mensaje breve dirigido a ese perfil.

Actitudinal: describe una experiencia personal en la que hayas sentido pertenencia a una comunidad *online*. Analiza qué prácticas de esa comunidad hicieron que te sintieras valorado.

## Módulo III. Comunicación persuasiva, *engagement* y conversión

Conceptual: Explica por qué la persuasión en el entorno digital no debe confundirse con manipulación. Incluye un ejemplo real o hipotético.

Procedimental: Diseña un pequeño reto de 7 días para una comunidad digital (tema, reglas, dinámica y recompensa simbólica) orientado a aumentar el *engagement*.

Actitudinal: Redacta una reflexión sobre una campaña digital que te generó rechazo. Explica qué elemento de la comunicación (tono, promesa, insistencia, falta de autenticidad) provocó tu reacción negativa.

DYNAMO